は　し　が　き

　平成 29 年 3 月に告示された小学校学習指導要領が，令和 2 年度から全面実施されます。

　今回の学習指導要領では，各教科等の目標及び内容が，育成を目指す資質・能力の三つの柱（「知識及び技能」，「思考力，判断力，表現力等」，「学びに向かう力，人間性等」）に沿って再整理され，各教科等でどのような資質・能力の育成を目指すのかが明確化されました。これにより，教師が「子供たちにどのような力が身に付いたか」という学習の成果を的確に捉え，主体的・対話的で深い学びの視点からの授業改善を図る，いわゆる「指導と評価の一体化」が実現されやすくなることが期待されます。

　また，子供たちや学校，地域の実態を適切に把握した上で教育課程を編成し，学校全体で教育活動の質の向上を図る「カリキュラム・マネジメント」についても明文化されました。カリキュラム・マネジメントの一側面として，「教育課程の実施状況を評価してその改善を図っていくこと」がありますが，このためには，教育課程を編成・実施し，学習評価を行い，学習評価を基に教育課程の改善・充実を図るという PDCA サイクルを確立することが重要です。このことも，まさに「指導と評価の一体化」のための取組と言えます。

　このように，「指導と評価の一体化」の必要性は，今回の学習指導要領において，より一層明確なものとなりました。そこで，国立教育政策研究所教育課程研究センターでは，「幼稚園，小学校，中学校，高等学校及び特別支援学校の学習指導要領等の改善及び必要な方策等について（答申）」（平成 28 年 12 月 21 日中央教育審議会）をはじめ，「児童生徒の学習評価の在り方について（報告）」（平成 31 年 1 月 21 日中央教育審議会初等中等教育分科会教育課程部会）や「小学校，中学校，高等学校及び特別支援学校等における児童生徒の学習評価及び指導要録の改善等について」（平成 31 年 3 月 29 日付初等中等教育局長通知）を踏まえ，このたび「『指導と評価の一体化』のための学習評価に関する参考資料」を作成しました。

　本資料では，学習評価の基本的な考え方や，各教科等における評価規準の作成及び評価の実施等について解説しているほか，各教科等別に単元や題材に基づく学習評価について事例を紹介しています。各学校においては，本資料や各教育委員会等が示す学習評価に関する資料などを参考としながら，学習評価を含むカリキュラム・マネジメントを円滑に進めていただくことで，「指導と評価の一体化」を実現し，子供たちに未来の創り手となるために必要な資質・能力が育まれることを期待します。

　最後に，本資料の作成に御協力くださった方々に心から感謝の意を表します。

　令和 2 年 3 月

国立教育政策研究所

教育課程研究センター長

笹　井　弘　之

目次

第1編　総説　　　　　　　　　　　　　　　　　　　　　　　　　　……　　1
　第1章　平成29年改訂を踏まえた学習評価の改善　　　　　　　　　……　　3
　　1　はじめに
　　2　平成29年改訂を踏まえた学習評価の意義
　　3　平成29年改訂を受けた評価の観点の整理
　　4　平成29年改訂学習指導要領における各教科の学習評価
　　5　改善等通知における特別の教科　道徳，外国語活動（小学校），総合的な学習の時間，特
　　　別活動の指導要録の記録
　　6　障害のある児童生徒の学習評価について
　　7　評価の方針等の児童生徒や保護者への共有について
　第2章　学習評価の基本的な流れ　　　　　　　　　　　　　　　　　……　　13
　　1　各教科における評価規準の作成及び評価の実施等について
　　2　総合的な学習の時間における評価規準の作成及び評価の実施等について
　　3　特別活動の「評価の観点」とその趣旨，並びに評価規準の作成及び評価の実施等について
　（参考）　平成23年「評価規準の作成，評価方法等の工夫改善のための参考資料」か　……　22
　　　らの変更点について

第2編　「内容のまとまりごとの評価規準」を作成する際の手順　　　……　25
　　1　特別活動における「評価の観点」とその趣旨について
　　2　小学校特別活動の「内容のまとまり」
　　3　小学校特別活動における「評価の観点」とその趣旨，並びに「内容のまとまりごとの評
　　　価規準」作成の基本的な手順
　　4　小学校特別活動における「評価の観点」とその趣旨，並びに「内容のまとまりごとの評
　　　価規準」作成の具体的な手順

第3編　学習評価について（事例）　　　　　　　　　　　　　　　　……　37
　第1章　特別活動の学習評価を行うに当たっての基本的な考え方　　　……　39
　　1　評価の手順
　　2　評価体制の確立
　　3　指導と評価の計画の作成
　　4　多面的・総合的な評価の工夫
　　5　評価機会の工夫
　　6　小学校児童指導要録における特別活動の記録
　第2章　学習評価に関する事例について　　　　　　　　　　　　　　……　42
　　1　事例の特徴
　　2　各事例概要一覧と事例
　　事例1　学級活動(1)の指導と評価の計画から評価の総括まで　　　……　44
　　　　「がんばったね集会をしよう」
　　　　（ア　学級や学校における生活上の諸問題の解決）（第5学年）
　　事例2　学級活動(2)の指導と評価の計画から評価の総括まで　　　……　52
　　　　「見直そう　ゲームの時間」
　　　　（ア　基本的な生活習慣の形成）（第4学年）
　　事例3　学級活動(3)の指導と評価の計画から評価の総括まで　　　……　57
　　　　「6年生に向けて」
　　　　（ア　現在や将来に希望や目標をもって生きる意欲や態度の形成）（第5学年）
　　事例4　児童会活動の指導と評価の計画から評価の総括まで　　　　……　65
　　　　「保健委員会」
　　事例5　クラブ活動の指導と評価の計画から評価の総括まで　　　　……　70
　　　　「ダンスクラブ」
　　事例6　学校行事の指導と評価の計画から評価の総括まで　　　　　……　75
　　　　「宿泊学習（遠足・集団宿泊的行事）」

資料（参考）

◇　学級活動年間指導計画例　　　　　　　　　　　　　……　　80
◇　係活動の評価の工夫例　　　　　　　　　　　　　　……　　86
◇　学級活動(1)における発達の段階に即した活動形態別の評価規準例　……　　88
◇　学習過程の活動に即して評価の観点を重点化した例　……　　92
◇　指導に生かす評価　　　　　　　　　　　　　　　　……　　93
◇　キャリア教育の充実を図る特別活動の実践　　　　　……　　94

巻末資料　　　　　　　　　　　　　　　　　　　　　　……　　97
・　評価規準，評価方法等の工夫改善に関する調査研究について（平成 31 年 2 月 4 日，国立教育政策研究所長裁定）
・　評価規準，評価方法等の工夫改善に関する調査研究協力者
・　学習指導要領等関係資料について
・　学習評価の在り方ハンドブック（小・中学校編）

※本冊子については，改訂後の常用漢字表（平成 22 年 11 月 30 日内閣告示）に基づいて表記しています。（学習指導要領及び初等中等教育局長通知等の引用部分を除く）

第1編

総説

第1編

総説

第1編　総説

本編においては，以下の資料について，それぞれ略称を用いることとする。

答申：「幼稚園，小学校，中学校，高等学校及び特別支援学校の学習指導要領等の改善
　　　及び必要な方策等について（答申）」　平成 28 年 12 月 21 日　中央教育審議会

報告：「児童生徒の学習評価の在り方について（報告）」　平成 31 年 1 月 21 日　中央教
　　　育審議会　初等中等教育分科会　教育課程部会

改善等通知：「小学校，中学校，高等学校及び特別支援学校等における児童生徒の学習
　　　評価及び指導要録の改善等について（通知）」　平成 31 年 3 月 29 日　初等中等
　　　教育局長通知

第1章　平成 29 年改訂を踏まえた学習評価の改善

1　はじめに

　　学習評価は，学校における教育活動に関し，児童生徒の学習状況を評価するものである。答申にもあるとおり，児童生徒の学習状況を的確に捉え，教師が指導の改善を図るとともに，児童生徒が自らの学びを振り返って次の学びに向かうことができるようにするためには，学習評価の在り方が極めて重要である。

　　各教科等の評価については，学習状況を分析的に捉える「観点別学習状況の評価」と「評定」が学習指導要領に定める目標に準拠した評価として実施するものとされている[1]。観点別学習状況の評価とは，学校における児童生徒の学習状況を，複数の観点から，それぞれの観点ごとに分析する評価のことである。児童生徒が各教科等での学習において，どの観点で望ましい学習状況が認められ，どの観点に課題が認められるかを明らかにすることにより，具体的な学習や指導の改善に生かすことを可能とするものである。各学校において目標に準拠した観点別学習状況の評価を行うに当たっては，観点ごとに評価規準を定める必要がある。評価規準とは，観点別学習状況の評価を的確に行うため，学習指導要領に示す目標の実現の状況を判断するよりどころを表現したものである。本参考資料は，観点別学習状況の評価を実施する際に必要となる評価規準等，学習評価を行うに当たって参考となる情報をまとめたものである。

　　以下，文部省指導資料から，評価規準について解説した部分を参考として引用する。

---

[1] 各教科の評価については，観点別学習状況の評価と，これらを総括的に捉える「評定」の両方について実施するものとされており，観点別学習状況の評価や評定には示しきれない児童生徒の一人一人のよい点や可能性，進歩の状況については，「個人内評価」として実施するものとされている。（P.6 〜11 に後述）

（参考）評価規準の設定（抄）

（文部省「小学校教育課程一般指導資料」（平成5年9月）より）

　新しい指導要録（平成3年改訂）では，観点別学習状況の評価が効果的に行われるようにするために，「各観点ごとに学年ごとの評価規準を設定するなどの工夫を行うこと」と示されています。

　これまでの指導要録においても，観点別学習状況の評価を適切に行うため，「観点の趣旨を学年別に具体化することなどについて工夫を加えることが望ましいこと」とされており，教育委員会や学校では目標の達成の度合いを判断するための基準や尺度などの設定について研究が行われてきました。

　しかし，それらは，ともすれば知識・理解の評価が中心になりがちであり，また「目標を十分達成（＋）」，「目標をおおむね達成（空欄)」及び「達成が不十分（－)」ごとに詳細にわたって設定され，結果としてそれを単に数量的に処理することに陥りがちであったとの指摘がありました。

　今回の改訂においては，学習指導要領が目指す学力観に立った教育の実践に役立つようにすることを改訂方針の一つとして掲げ，各教科の目標に照らしてその実現の状況を評価する観点別学習状況を各教科の学習の評価の基本に据えることとしました。したがって，評価の観点についても，学習指導要領に示す目標との関連を密にして設けられています。

　このように，学習指導要領が目指す学力観に立つ教育と指導要録における評価とは一体のものであるとの考え方に立って，各教科の目標の実現の状況を「関心・意欲・態度」，「思考・判断・表現」，「技能・表現（または技能)」及び「知識・理解」の観点ごとに適切に評価するため，「評価規準を設定する」ことを明確に示しているものです。

　「評価規準」という用語については，先に述べたように，新しい学力観に立って子供たちが自ら獲得し身に付けた資質や能力の質的な面，すなわち，学習指導要領の目標に基づく幅のある資質や能力の育成の実現状況の評価を目指すという意味から用いたものです。

2　平成29年改訂を踏まえた学習評価の意義
（1）学習評価の充実

　平成29年改訂小・中学校学習指導要領総則においては，学習評価の充実について新たに項目が置かれた。具体的には，学習評価の目的等について以下のように示し，単元や題材など内容や時間のまとまりを見通しながら，児童生徒の主体的・対話的で深い学びの実現に向けた授業改善を行うと同時に，評価の場面や方法を工夫して，学習の過程や成果を評価することを示し，授業の改善と評価の改善を両輪として行っていくことの必要性を明示した。

・児童のよい点や進歩の状況などを積極的に評価し，学習したことの意義や価値を実感できるようにすること。また，各教科等の目標の実現に向けた学習状況を把握する観点から，単元や題材など内容や時間のまとまりを見通しながら評価の場面や方法を工夫して，学習の過程や成果を評価し，指導の改善や学習意欲の向上を図り，資質・能力の育成に生かすようにすること。
・創意工夫の中で学習評価の妥当性や信頼性が高められるよう，組織的かつ計画的な取組を推進するとともに，学年や学校段階を越えて児童の学習の成果が円滑に接続されるように工夫すること。

（小学校学習指導要領第1章総則　第3教育課程の実施と学習評価　2学習評価の充実）
（中学校学習指導要領にも同旨）

（2）カリキュラム・マネジメントの一環としての指導と評価

　各学校における教育活動の多くは，学習指導要領等に従い児童生徒や地域の実態を踏まえて編成された教育課程の下，指導計画に基づく授業（学習指導）として展開される。各学校では，児童生徒の学習状況を評価し，その結果を児童生徒の学習や教師による指導の改善や学校全体としての教育課程の改善等に生かしており，学校全体として組織的かつ計画的に教育活動の質の向上を図っている。このように，「学習指導」と「学習評価」は学校の教育活動の根幹に当たり，教育課程に基づいて組織的かつ計画的に教育活動の質の向上を図る「カリキュラム・マネジメント」の中核的な役割を担っている。

（3）主体的・対話的で深い学びの視点からの授業改善と評価

　指導と評価の一体化を図るためには，児童生徒一人一人の学習の成立を促すための評価という視点を一層重視し，教師が自らの指導のねらいに応じて授業での児童生徒の学びを振り返り，学習や指導の改善に生かしていくことが大切である。すなわち，平成29年改訂学習指導要領で重視している「主体的・対話的で深い学び」の視点からの授業改善を通して各教科等における資質・能力を確実に育成する上で，学習評価は重要な役割を担っている。

（4）学習評価の改善の基本的な方向性

　（1）〜（3）で述べたとおり，学習指導要領改訂の趣旨を実現するためには，学習評価の在り方が極めて重要であり，すなわち，学習評価を真に意味のあるものとし，指導と評価の一体化を実現することがますます求められている。
　このため，報告では，以下のように学習評価の改善の基本的な方向性が示された。
① 児童生徒の学習改善につながるものにしていくこと
② 教師の指導改善につながるものにしていくこと
③ これまで慣行として行われてきたことでも，必要性・妥当性が認められないものは見直していくこと

3 平成29年改訂を受けた評価の観点の整理

　平成29年改訂学習指導要領においては，知・徳・体にわたる「生きる力」を児童生徒に育むために「何のために学ぶのか」という各教科等を学ぶ意義を共有しながら，授業の創意工夫や教科書等の教材の改善を引き出していくことができるようにするため，全ての教科等の目標及び内容を「知識及び技能」，「思考力，判断力，表現力等」，「学びに向かう力，人間性等」の育成を目指す資質・能力の三つの柱で再整理した（図1参照）。知・徳・体のバランスのとれた「生きる力」を育むことを目指すに当たっては，各教科等の指導を通してどのような資質・能力の育成を目指すのかを明確にしながら教育活動の充実を図ること，その際には，児童生徒の発達の段階や特性を踏まえ，資質・能力の三つの柱の育成がバランスよく実現できるよう留意する必要がある。

図1

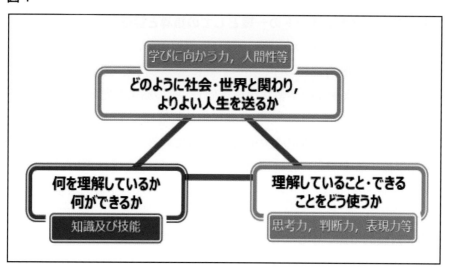

　観点別学習状況の評価については，こうした教育目標や内容の再整理を踏まえて，小・中・高等学校の各教科を通じて，4観点から3観点に整理された。（図2参照）

図2

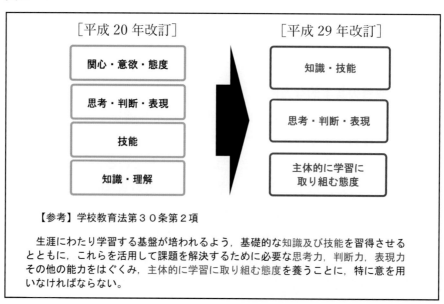

4　平成29年改訂学習指導要領における各教科の学習評価

　各教科の学習評価においては，平成29年改訂においても，学習状況を分析的に捉える「観点別学習状況の評価」と，これらを総括的に捉える「評定」の両方について，学習指導要領に定める目標に準拠した評価として実施するものとされた。改善等通知では，以下のように示されている。

【小学校児童指導要録】

　［各教科の学習の記録］

　I　観点別学習状況

　　学習指導要領に示す各教科の目標に照らして，その実現状況を観点ごとに評価し記入する。その際，

　　　　「十分満足できる」状況と判断されるもの：A

　　　　「おおむね満足できる」状況と判断されるもの：B

　　　　「努力を要する」状況と判断されるもの：C

　　のように区別して評価を記入する。

　II　評定（第3学年以上）

　　各教科の評定は，学習指導要領に示す各教科の目標に照らして，その実現状況を，

　　　　「十分満足できる」状況と判断されるもの：3

　　　　「おおむね満足できる」状況と判断されるもの：2

　　　　「努力を要する」状況と判断されるもの：1

　　のように区別して評価を記入する。

　　評定は各教科の学習の状況を総括的に評価するものであり，「観点別学習状況」において掲げられた観点は，分析的な評価を行うものとして，各教科の評定を行う場合において基本的な要素となるものであることに十分留意する。その際，評定の適切な決定方法等については，各学校において定める。

【中学校生徒指導要録】

（学習指導要領に示す必修教科の取扱いは次のとおり）

　［各教科の学習の記録］

　I　観点別学習状況（小学校児童指導要録と同じ）

　　学習指導要領に示す各教科の目標に照らして，その実現状況を観点ごとに評価し記入する。その際，

　　　　「十分満足できる」状況と判断されるもの：A

　　　　「おおむね満足できる」状況と判断されるもの：B

　　　　「努力を要する」状況と判断されるもの：C

　　のように区別して評価を記入する。

　II　評定

　　各教科の評定は，学習指導要領に示す各教科の目標に照らして，その実現状況を，

「十分満足できるもののうち，特に程度が高い」状況と判断されるもの：5

「十分満足できる」状況と判断されるもの：4

「おおむね満足できる」状況と判断されるもの：3

「努力を要する」状況と判断されるもの：2

「一層努力を要する」状況と判断されるもの：1

のように区別して評価を記入する。

評定は各教科の学習の状況を総括的に評価するものであり，「観点別学習状況」において掲げられた観点は，分析的な評価を行うものとして，各教科の評定を行う場合において基本的な要素となるものであることに十分留意する。その際，評定の適切な決定方法等については，各学校において定める。

また，観点別学習状況の評価や評定には示しきれない児童生徒一人一人のよい点や可能性，進歩の状況については，「個人内評価」として実施するものとされている。改善等通知においては，「観点別学習状況の評価になじまず個人内評価の対象となるものについては，児童生徒が学習したことの意義や価値を実感できるよう，日々の教育活動等の中で児童生徒に伝えることが重要であること。特に『学びに向かう力，人間性等』のうち『感性や思いやり』など児童生徒一人一人のよい点や可能性，進歩の状況などを積極的に評価し児童生徒に伝えることが重要であること。」と示されている。

「3　平成29年改訂を受けた評価の観点の整理」も踏まえて各教科における評価の基本構造を図示化すると，以下のようになる。（図3参照）

図3

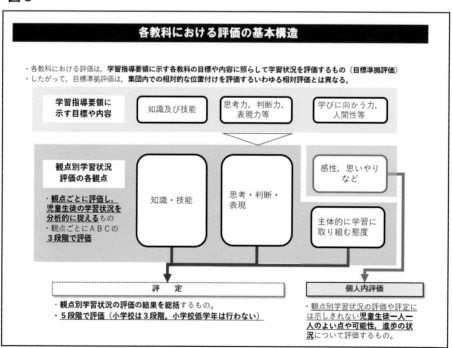

上記の，「各教科における評価の基本構造」を踏まえた3観点の評価それぞれについて

の考え方は，以下の（1）～（3）のとおりとなる。なお，この考え方は，外国語活動（小学校），総合的な学習の時間，特別活動においても同様に考えることができる。

（1）「知識・技能」の評価について

　　「知識・技能」の評価は，各教科等における学習の過程を通した知識及び技能の習得状況について評価を行うとともに，それらを既有の知識及び技能と関連付けたり活用したりする中で，他の学習や生活の場面でも活用できる程度に概念等を理解したり，技能を習得したりしているかについても評価するものである。

　　「知識・技能」におけるこのような考え方は，従前の「知識・理解」（各教科等において習得すべき知識や重要な概念等を理解しているかを評価），「技能」（各教科等において習得すべき技能を身に付けているかを評価）においても重視してきたものである。

　　具体的な評価の方法としては，ペーパーテストにおいて，事実的な知識の習得を問う問題と，知識の概念的な理解を問う問題とのバランスに配慮するなどの工夫改善を図るとともに，例えば，児童生徒が文章による説明をしたり，各教科等の内容の特質に応じて，観察・実験したり，式やグラフで表現したりするなど，実際に知識や技能を用いる場面を設けるなど，多様な方法を適切に取り入れていくことが考えられる。

（2）「思考・判断・表現」の評価について

　　「思考・判断・表現」の評価は，各教科等の知識及び技能を活用して課題を解決する等のために必要な思考力，判断力，表現力等を身に付けているかを評価するものである。

　　「思考・判断・表現」におけるこのような考え方は，従前の「思考・判断・表現」の観点においても重視してきたものである。「思考・判断・表現」を評価するためには，教師は「主体的・対話的で深い学び」の視点からの授業改善を通じ，児童生徒が思考・判断・表現する場面を効果的に設計した上で，指導・評価することが求められる。

　　具体的な評価の方法としては，ペーパーテストのみならず，論述やレポートの作成，発表，グループでの話合い，作品の制作や表現等の多様な活動を取り入れたり，それらを集めたポートフォリオを活用したりするなど評価方法を工夫することが考えられる。

（3）「主体的に学習に取り組む態度」の評価について

　　答申において「学びに向かう力，人間性等」には，①「主体的に学習に取り組む態度」として観点別学習状況の評価を通じて見取ることができる部分と，②観点別学習状況の評価や評定にはなじまず，こうした評価では示しきれないことから個人内評価を通じて見取る部分があることに留意する必要があるとされている。すなわち，②については観点別学習状況の評価の対象外とする必要がある。

　　「主体的に学習に取り組む態度」の評価に際しては，単に継続的な行動や積極的な発言を行うなど，性格や行動面の傾向を評価するということではなく，各教科等の「主体的に学習に取り組む態度」に係る観点の趣旨に照らして，知識及び技能を習得したり，

思考力，判断力，表現力等を身に付けたりするために，自らの学習状況を把握し，学習の進め方について試行錯誤するなど自らの学習を調整しながら，学ぼうとしているかどうかという意思的な側面を評価することが重要である。

従前の「関心・意欲・態度」の観点も，各教科等の学習内容に関心をもつことのみならず，よりよく学ぼうとする意欲をもって学習に取り組む態度を評価するという考え方に基づいたものであり，この点を「主体的に学習に取り組む態度」として改めて強調するものである。

本観点に基づく評価は，「主体的に学習に取り組む態度」に係る各教科等の評価の観点の趣旨に照らして，

①　知識及び技能を獲得したり，思考力，判断力，表現力等を身に付けたりすることに向けた粘り強い取組を行おうとしている側面

②　①の粘り強い取組を行う中で，自らの学習を調整しようとする側面

という二つの側面を評価することが求められる[2]。（図4参照）

ここでの評価は，児童生徒の学習の調整が「適切に行われているか」を必ずしも判断するものではなく，学習の調整が知識及び技能の習得などに結び付いていない場合には，教師が学習の進め方を適切に指導することが求められる。

具体的な評価の方法としては，ノートやレポート等における記述，授業中の発言，教師による行動観察や児童生徒による自己評価や相互評価等の状況を，教師が評価を行う際に考慮する材料の一つとして用いることなどが考えられる。

図4

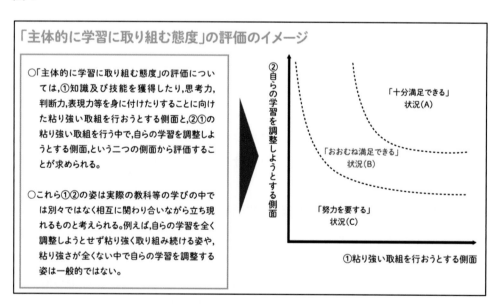

---

[2]　これら①②の姿は実際の教科等の学びの中では別々ではなく相互に関わり合いながら立ち現れるものと考えられることから，実際の評価の場面においては，双方の側面を一体的に見取ることも想定される。例えば，自らの学習を全く調整しようとせず粘り強く取り組み続ける姿や，粘り強さが全くない中で自らの学習を調整する姿は一般的ではない。

なお，学習指導要領の「2　内容」に記載のない「主体的に学習に取り組む態度」の評価については，後述する第2章1（2）を参照のこと[3]。

5　改善等通知における特別の教科　道徳，外国語活動（小学校），総合的な学習の時間，特別活動の指導要録の記録

改善等通知においては，各教科の学習の記録とともに，以下の（1）〜（4）の各教科等の指導要録における学習の記録について以下のように示されている。

（1）特別の教科　道徳について

小学校等については，改善等通知別紙1に，「道徳の評価については，28文科初第604号「学習指導要領の一部改正に伴う小学校，中学校及び特別支援学校小学部・中学部における児童生徒の学習評価及び指導要録の改善等について（通知）」に基づき，学習活動における児童の学習状況や道徳性に係る成長の様子を個人内評価として文章で端的に記述する」こととされている（中学校等についても別紙2に同旨）。

（2）外国語活動について（小学校）

改善等通知には，「外国語活動の記録については，評価の観点を記入した上で，それらの観点に照らして，児童の学習状況に顕著な事項がある場合にその特徴を記入する等，児童にどのような力が身に付いたかを文章で端的に記述すること」とされている。また，「評価の観点については，設置者は，小学校学習指導要領等に示す外国語活動の目標を踏まえ，改善等通知別紙4を参考に設定する」こととされている。

（3）総合的な学習の時間について

小学校等については，改善等通知別紙1に，「総合的な学習の時間の記録については，この時間に行った学習活動及び各学校が自ら定めた評価の観点を記入した上で，それらの観点のうち，児童の学習状況に顕著な事項がある場合などにその特徴を記入する等，児童にどのような力が身に付いたかを文章で端的に記述すること」とされている。また，「評価の観点については，各学校において具体的に定めた目標，内容に基づいて別紙4を参考に定めること」とされている（中学校等についても別紙2に同旨）。

---

[3] 各教科等によって，評価の対象に特性があることに留意する必要がある。例えば，体育・保健体育科の運動に関する領域においては，公正や協力などを，育成する「態度」として学習指導要領に位置付けており，各教科等の目標や内容に対応した学習評価が行われることとされている。

（4）特別活動について

　　小学校等については，改善等通知別紙1に，「特別活動の記録については，各学校が自ら定めた特別活動全体に係る評価の観点を記入した上で，各活動・学校行事ごとに，評価の観点に照らして十分満足できる活動の状況にあると判断される場合に，〇印を記入する」とされている。また，「評価の観点については，学習指導要領等に示す特別活動の目標を踏まえ，各学校において改善等通知別紙4を参考に定める。その際，特別活動の特質や学校として重点化した内容を踏まえ，例えば『主体的に生活や人間関係をよりよくしようとする態度』などのように，より具体的に定めることも考えられる。記入に当たっては，特別活動の学習が学校や学級における集団活動や生活を対象に行われるという特質に留意する」とされている（中学校等についても別紙2に同旨）。

　　なお，特別活動は学級担任以外の教師が指導する活動が多いことから，評価体制を確立し，共通理解を図って，児童生徒のよさや可能性を多面的・総合的に評価するとともに，確実に資質・能力が育成されるよう指導の改善に生かすことが求められる。

6　障害のある児童生徒の学習評価について

　　学習評価に関する基本的な考え方は，障害のある児童生徒の学習評価についても変わるものではない。

　　障害のある児童生徒については，特別支援学校等の助言又は援助を活用しつつ，個々の児童生徒の障害の状態や特性及び心身の発達の段階に応じた指導内容や指導方法の工夫を行い，その評価を適切に行うことが必要である。また，指導内容や指導方法の工夫については，学習指導要領の各教科の「指導計画の作成と内容の取扱い」の「指導計画作成上の配慮事項」の「障害のある児童生徒への配慮についての事項」についての学習指導要領解説も参考となる。

7　評価の方針等の児童生徒や保護者への共有について

　　学習評価の妥当性や信頼性を高めるとともに，児童生徒自身に学習の見通しをもたせるために，学習評価の方針を事前に児童生徒と共有する場面を必要に応じて設けることが求められており，児童生徒に評価の結果をフィードバックする際にも，どのような方針によって評価したのかを改めて児童生徒に共有することも重要である。

　　また，新学習指導要領下での学習評価の在り方や基本方針等について，様々な機会を捉えて保護者と共通理解を図ることが非常に重要である。

第2章　学習評価の基本的な流れ

1　各教科における評価規準の作成及び評価の実施等について

（1）目標と観点の趣旨との対応関係について

　　評価規準の作成に当たっては，各学校の実態に応じて目標に準拠した評価を行うために，「評価の観点及びその趣旨[4]」が各教科等の目標を踏まえて作成されていること，また同様に，「学年別（又は分野別）の評価の観点の趣旨[5]」が学年（又は分野）の目標を踏まえて作成されていることを確認することが必要である。

　　なお，「主体的に学習に取り組む態度」の観点は，教科等及び学年（又は分野）の目標の（3）に対応するものであるが，観点別学習状況の評価を通じて見取ることができる部分をその内容として整理し，示していることを確認することが必要である。（図5，6参照）

図5

【学習指導要領「教科の目標」】

学習指導要領　各教科等の「第1　目標」

(1)	(2)	(3)
（知識及び技能に関する目標）	（思考力，判断力，表現力等に関する目標）	（学びに向かう力，人間性等に関する目標）[6]

【改善等通知「評価の観点及びその趣旨」】

改善等通知　別紙4　評価の観点及びその趣旨

観点	知識・技能	思考・判断・表現	主体的に学習に取り組む態度
趣旨	（知識・技能の観点の趣旨）	（思考・判断・表現の観点の趣旨）	（主体的に学習に取り組む態度の観点の趣旨）

---

[4] 各教科等の学習指導要領の目標の規定を踏まえ，観点別学習状況の評価の対象とするものについて整理したものが教科等の観点の趣旨である。

[5] 各学年（又は分野）の学習指導要領の目標を踏まえ，観点別学習状況の評価の対象とするものについて整理したものが学年別（又は分野別）の観点の趣旨である。

[6] 学びに向かう力，人間性等に関する目標には，個人内評価として実施するものも含まれている。（P.8 図3参照）※学年（又は分野）の目標についても同様である。

図6

【学習指導要領「学年（又は分野）の目標」】

学習指導要領　各教科等の「第2　各学年の目標及び内容」の学年ごとの「1　目標」

(1)	(2)	(3)
（知識及び技能に関する目標）	（思考力，判断力，表現力等に関する目標）	（学びに向かう力，人間性等に関する目標）

【改善等通知　別紙4「学年別（又は分野別）の評価の観点の趣旨」】

観点	知識・技能	思考・判断・表現	主体的に学習に取り組む態度
趣旨	（知識・技能の観点の趣旨）	（思考・判断・表現の観点の趣旨）	（主体的に学習に取り組む態度の観点の趣旨）

（2）「内容のまとまりごとの評価規準」とは

　　本参考資料では，評価規準の作成等について示す。具体的には，学習指導要領の規定から「内容のまとまりごとの評価規準」を作成する際の手順を示している。ここでの「内容のまとまり」とは，学習指導要領に示す各教科等の「第2　各学年の目標及び内容　2　内容」の項目等をそのまとまりごとに細分化したり整理したりしたものである[7]。平成29年改訂学習指導要領においては資質・能力の三つの柱に基づく構造化が行われたところであり，基本的には，学習指導要領に示す各教科等の「第2　各学年（分野）の目標及び内容」の「2　内容」において[8]，「内容のまとまり」ごとに育成を目指す資質・

---

[7] 各教科等の学習指導要領の「第3　指導計画の作成と内容の取扱い」1(1)に「単元（題材）などの内容や時間のまとまり」という記載があるが，この「内容や時間のまとまり」と，本参考資料における「内容のまとまり」は同義ではないことに注意が必要である。前者は，主体的・対話的で深い学びを実現するため，主体的に学習に取り組めるよう学習の見通しを立てたり学習したことを振り返ったりして自身の学びや変容を自覚できる場面をどこに設定するか，対話によって自分の考えなどを広げたり深めたりする場面をどこに設定するか，学びの深まりをつくりだすために，児童生徒が考える場面と教師が教える場面をどのように組み立てるか，といった視点による授業改善は，1単位時間の授業ごとに考えるのではなく，単元や題材などの一定程度のまとまりごとに検討されるべきであることが示されたものである。後者（本参考資料における「内容のまとまり」）については，本文に述べるとおりである。

[8] 小学校家庭においては，「第2　各学年の内容」，「1　内容」，小学校外国語・外国語活動，中学校外国語においては，「第2　各言語の目標及び内容等」，「1　目標」である。

能力が示されている。このため,「2 内容」の記載はそのまま学習指導の目標となりうるものである[9]。学習指導要領の目標に照らして観点別学習状況の評価を行うに当たり,児童生徒が資質・能力を身に付けた状況を表すために,「2 内容」の記載事項の文末を「〜すること」から「〜している」と変換したもの等を,本参考資料において「内容のまとまりごとの評価規準」と呼ぶこととする[10]。

　ただし,「主体的に学習に取り組む態度」に関しては,特に,児童生徒の学習への継続的な取組を通して現れる性質を有すること等から[11],「2 内容」に記載がない[12]。そのため,各学年(又は分野)の「1 目標」を参考にしつつ,必要に応じて,改善等通知別紙4に示された学年(又は分野)別の評価の観点の趣旨のうち「主体的に学習に取り組む態度」に関わる部分を用いて「内容のまとまりごとの評価規準」を作成する必要がある。

　なお,各学校においては,「内容のまとまりごとの評価規準」の考え方を踏まえて,学習評価を行う際の評価規準を作成する。

(3)「内容のまとまりごとの評価規準」を作成する際の基本的な手順

　各教科における,「内容のまとまりごとの評価規準」を作成する際の基本的な手順は以下のとおりである。

　学習指導要領に示された教科及び学年(又は分野)の目標を踏まえて,「評価の観点及びその趣旨」が作成されていることを理解した上で,

① 各教科における「内容のまとまり」と「評価の観点」との関係を確認する。

② 【観点ごとのポイント】を踏まえ,「内容のまとまりごとの評価規準」を作成する。

---

[9] 「2 内容」において示されている指導事項等を整理することで「内容のまとまり」を構成している教科もある。この場合は,整理した資質・能力をもとに,構成された「内容のまとまり」に基づいて学習指導の目標を設定することとなる。また,目標や評価規準の設定は,教育課程を編成する主体である各学校が,学習指導要領に基づきつつ児童生徒や学校,地域の実情に応じて行うことが必要である。

[10] 小学校家庭,中学校技術・家庭(家庭分野)については,学習指導要領の目標及び分野の目標の(2)に思考力・判断力・表現力等の育成に係る学習過程が記載されているため,これらを踏まえて「内容のまとまりごとの評価規準」を作成する必要がある。

[11] 各教科等の特性によって単元や題材など内容や時間のまとまりはさまざまであることから,評価を行う際は,それぞれの実現状況が把握できる段階について検討が必要である。

[12] 各教科等によって,評価の対象に特性があることに留意する必要がある。例えば,体育・保健体育科の運動に関する領域においては,公正や協力などを,育成する「態度」として学習指導要領に位置付けており,各教科等の目標や内容に対応した学習評価が行われることとされている。

①，②については，第2編において詳述する。同様に，【観点ごとのポイント】については，第2編に各教科等において示している。

（4）評価の計画を立てることの重要性

学習指導のねらいが児童生徒の学習状況として実現されたかについて，評価規準に照らして観察し，毎時間の授業で適宜指導を行うことは，育成を目指す資質・能力を児童生徒に育むためには不可欠である。その上で，評価規準に照らして，観点別学習状況の評価をするための記録を取ることになる。そのためには，いつ，どのような方法で，児童生徒について観点別学習状況を評価するための記録を取るのかについて，評価の計画を立てることが引き続き大切である。

毎時間児童生徒全員について記録を取り，総括の資料とするために蓄積することは現実的ではないことからも，児童生徒全員の学習状況を記録に残す場面を精選し，かつ適切に評価するための評価の計画が一層重要になる。

（5）観点別学習状況の評価に係る記録の総括

適切な評価の計画の下に得た，児童生徒の観点別学習状況の評価に係る記録の総括の時期としては，単元（題材）末，学期末，学年末等の節目が考えられる。

総括を行う際，観点別学習状況の評価に係る記録が，観点ごとに複数ある場合は，例えば，次のような方法が考えられる。

・ **評価結果のＡ，Ｂ，Ｃの数を基に総括する場合**

何回か行った評価結果のＡ，Ｂ，Ｃの数が多いものが，その観点の学習の実施状況を最もよく表現しているとする考え方に立つ総括の方法である。例えば，3回評価を行った結果が「ＡＢＢ」ならばＢと総括することが考えられる。なお，「ＡＡＢＢ」の総括結果をＡとするかＢとするかなど，同数の場合や三つの記号が混在する場合の総括の仕方をあらかじめ各学校において決めておく必要がある。

・ **評価結果のＡ，Ｂ，Ｃを数値に置き換えて総括する場合**

何回か行った評価結果Ａ，Ｂ，Ｃを，例えばＡ＝3，Ｂ＝2，Ｃ＝1のように数値によって表し，合計したり平均したりする総括の方法である。例えば，総括の結果をＢとする範囲を［2.5≧平均値≧1.5］とすると，「ＡＢＢ」の平均値は，約2.3［（3＋2＋2）÷3］で総括の結果はＢとなる。

なお，評価の各節目のうち特定の時点に重きを置いて評価を行う場合など，この例のような平均値による方法以外についても様々な総括の方法が考えられる。

（6）観点別学習状況の評価の評定への総括

評定は，各教科の観点別学習状況の評価を総括した数値を示すものである。評定は，児童生徒がどの教科の学習に望ましい学習状況が認められ，どの教科の学習に課題が

認められるのかを明らかにすることにより，教育課程全体を見渡した学習状況の把握と指導や学習の改善に生かすことを可能とするものである。

　評定への総括は，学期末や学年末などに行われることが多い。学年末に評定へ総括する場合には，学期末に総括した評定の結果を基にする場合と，学年末に観点ごとに総括した結果を基にする場合が考えられる。

　観点別学習状況の評価の評定への総括は，各観点の評価結果をＡ，Ｂ，Ｃの組合せ，又は，Ａ，Ｂ，Ｃを数値で表したものに基づいて総括し，その結果を小学校では３段階，中学校では５段階で表す。

　Ａ，Ｂ，Ｃの組合せから評定に総括する場合，各観点とも同じ評価がそろう場合は，小学校については，「ＢＢＢ」であれば２を基本としつつ，「ＡＡＡ」であれば３，「ＣＣＣ」であれば１とするのが適当であると考えられる。中学校については，「ＢＢＢ」であれば３を基本としつつ，「ＡＡＡ」であれば５又は４，「ＣＣＣ」であれば２又は１とするのが適当であると考えられる。それ以外の場合は，各観点のＡ，Ｂ，Ｃの数の組合せから適切に評定することができるようあらかじめ各学校において決めておく必要がある。

　なお，観点別学習状況の評価結果は，「十分満足できる」状況と判断されるものをＡ，「おおむね満足できる」状況と判断されるものをＢ，「努力を要する」状況と判断されるものをＣのように表されるが，そこで表された学習の実現状況には幅があるため，機械的に評定を算出することは適当ではない場合も予想される。

　また，評定は，小学校については，小学校学習指導要領等に示す各教科の目標に照らして，その実現状況を「十分満足できる」状況と判断されるものを３，「おおむね満足できる」状況と判断されるものを２，「努力を要する」状況と判断されるものを１，中学校については，中学校学習指導要領等に示す各教科の目標に照らして，その実現状況を「十分満足できるもののうち，特に程度が高い」状況と判断されるものを５，「十分満足できる」状況と判断されるものを４，「おおむね満足できる」状況と判断されるものを３，「努力を要する」状況と判断されるものを２，「一層努力を要する」状況と判断されるものを１という数値で表される。しかし，この数値を児童生徒の学習状況について三つ（小学校）又は五つ（中学校）に分類したものとして捉えるのではなく，常にこの結果の背景にある児童生徒の具体的な学習の実現状況を思い描き，適切に捉えることが大切である。評定への総括に当たっては，このようなことも十分に検討する必要がある[13]。

　なお，各学校では観点別学習状況の評価の観点ごとの総括及び評定への総括の考え

[13] 改善等通知では，「評定は各教科の学習の状況を総括的に評価するものであり，『観点別学習状況』において掲げられた観点は，分析的な評価を行うものとして，各教科の評定を行う場合において基本的な要素となるものであることに十分留意する。その際，評定の適切な決定方法等については，各学校において定める。」と示されている。（P.7，8参照）

方や方法について，教師間で共通理解を図り，児童生徒及び保護者に十分説明し理解を得ることが大切である。

2　総合的な学習の時間における評価規準の作成及び評価の実施等について

（1）総合的な学習の時間の「評価の観点」について

　平成29年改訂学習指導要領では，各教科等の目標や内容を「知識及び技能」，「思考力，判断力，表現力等」，「学びに向かう力，人間性等」の資質・能力の三つの柱で再整理しているが，このことは総合的な学習の時間においても同様である。

　総合的な学習の時間においては，学習指導要領が定める目標を踏まえて各学校が目標や内容を設定するという総合的な学習の時間の特質から，各学校が観点を設定するという枠組みが維持されている。一方で，各学校が目標や内容を定める際には，学習指導要領において示された以下について考慮する必要がある。

【各学校において定める目標】
・　各学校において定める目標については，各学校における教育目標を踏まえ，総合的な学習の時間を通して育成を目指す資質・能力を示すこと。　　　　（第2の3(1)）

　総合的な学習の時間を通して育成を目指す資質・能力を示すとは，各学校における教育目標を踏まえて，各学校において定める目標の中に，この時間を通して育成を目指す資質・能力を，三つの柱に即して具体的に示すということである。

【各学校において定める内容】
・　探究課題の解決を通して育成を目指す具体的な資質・能力については，次の事項に配慮すること。
　ア　知識及び技能については，他教科等及び総合的な学習の時間で習得する知識及び技能が相互に関連付けられ，社会の中で生きて働くものとして形成されるようにすること。
　イ　思考力，判断力，表現力等については，課題の設定，情報の収集，整理・分析，まとめ・表現などの探究的な学習の過程において発揮され，未知の状況において活用できるものとして身に付けられるようにすること。
　ウ　学びに向かう力，人間性等については，自分自身に関すること及び他者や社会との関わりに関することの両方の視点を踏まえること。　　　　（第2の3(6)）

　各学校において定める内容について，今回の改訂では新たに，「目標を実現するにふさわしい探究課題」，「探究課題の解決を通して育成を目指す具体的な資質・能力」の二つを定めることが示された。「探究課題の解決を通して育成を目指す具体的な資質・能力」とは，各学校において定める目標に記された資質・能力を，各探究課題に即して具体的に示したものであり，教師の適切な指導の下，児童生徒が各探究課題の解決に取り組む中で，育成することを目指す資質・能力のことである。この具体的な資質・能力も，「知識及び技能」，「思考力，判断力，表現力等」，「学びに向かう力，人間性等」という

資質・能力の三つの柱に即して設定していくことになる。

　このように，各学校において定める目標と内容には，三つの柱に沿った資質・能力が明示されることになる。

　したがって，資質・能力の三つの柱で再整理した新学習指導要領の下での指導と評価の一体化を推進するためにも，評価の観点についてこれらの資質・能力に関わる「知識・技能」，「思考・判断・表現」，「主体的に学習に取り組む態度」の３観点に整理し示したところである。

（2）総合的な学習の時間の「内容のまとまり」の考え方

　学習指導要領の第２の２では，「各学校においては，第１の目標を踏まえ，各学校の総合的な学習の時間の内容を定める。」とされており，各教科のようにどの学年で何を指導するのかという内容を明示していない。これは，各学校が，学習指導要領が定める目標の趣旨を踏まえて，地域や学校，児童生徒の実態に応じて，創意工夫を生かした内容を定めることが期待されているからである。

　この内容の設定に際しては，前述したように「目標を実現するにふさわしい探究課題」，「探究課題の解決を通して育成を目指す具体的な資質・能力」の二つを定めることが示され，探究課題としてどのような対象と関わり，その探究課題の解決を通して，どのような資質・能力を育成するのかが内容として記述されることになる。（図７参照）

図7

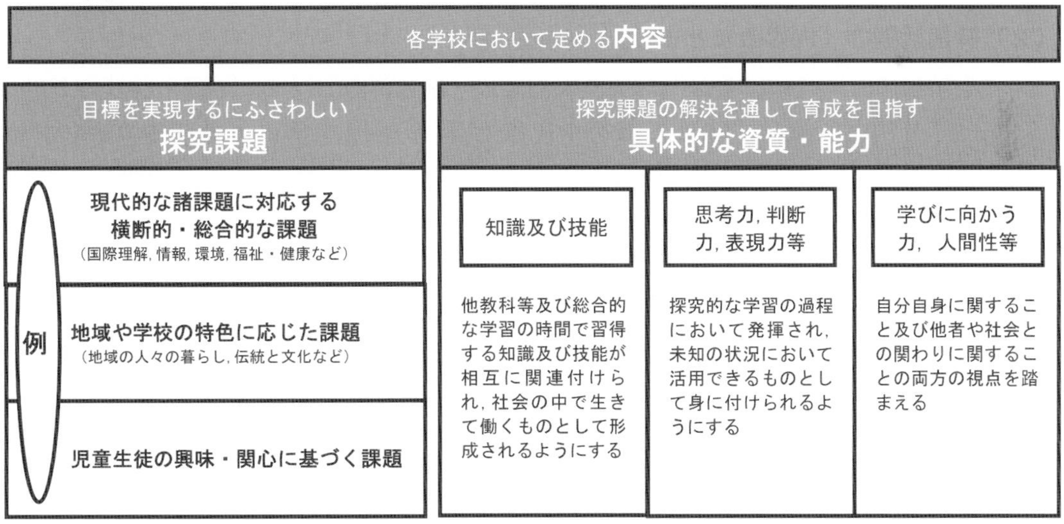

各学校において定める**内容**

目標を実現するにふさわしい **探究課題**		探究課題の解決を通して育成を目指す **具体的な資質・能力**		
例	現代的な諸課題に対応する **横断的・総合的な課題** （国際理解，情報，環境，福祉・健康など）	**知識及び技能**	**思考力，判断力，表現力等**	**学びに向かう力，人間性等**
	地域や学校の特色に応じた課題 （地域の人々の暮らし，伝統と文化など）	他教科等及び総合的な学習の時間で習得する知識及び技能が相互に関連付けられ，社会の中で生きて働くものとして形成されるようにする	探究的な学習の過程において発揮され，未知の状況において活用できるものとして身に付けられるようにする	自分自身に関すること及び他者や社会との関わりに関することの両方の視点を踏まえる
	児童生徒の興味・関心に基づく課題			

　本参考資料第１編第２章の１（2）では，「内容のまとまり」について，「学習指導要領に示す各教科等の『第２　各学年の目標及び内容　２　内容』の項目等をそのまとまりごとに細分化したり整理したりしたもので，『内容のまとまり』ごとに育成を目指す資質・能力が示されている」と説明されている。

　したがって，総合的な学習の時間における「内容のまとまり」とは，全体計画に示した「目標を実現するにふさわしい探究課題」のうち，一つ一つの探究課題とその探究課題に応じて定めた具体的な資質・能力と考えることができる。

（3）「内容のまとまりごとの評価規準」を作成する際の基本的な手順

　　総合的な学習の時間における，「内容のまとまりごとの評価規準」を作成する際の基本的な手順は以下のとおりである。

> ①　各学校において定めた目標（第2の1）と「評価の観点及びその趣旨」を確認する。

> ②　各学校において定めた内容の記述（「内容のまとまり」として探究課題ごとに作成した「探究課題の解決を通して育成を目指す具体的な資質・能力」）が，観点ごとにどのように整理されているかを確認する。

> ③【観点ごとのポイント】を踏まえ，「内容のまとまりごとの評価規準」を作成する。

3　特別活動の「評価の観点」とその趣旨，並びに評価規準の作成及び評価の実施等について

（1）特別活動の「評価の観点」とその趣旨について

　　特別活動においては，改善等通知において示されたように，特別活動の特質と学校の創意工夫を生かすということから，設置者ではなく，「各学校で評価の観点を定める」ものとしている。本参考資料では「評価の観点」とその趣旨の設定について示している。

（2）特別活動の「内容のまとまり」

　　小学校においては，学習指導要領の内容の〔学級活動〕「（1）学級や学校における生活づくりへの参画」，「（2）日常の生活や学習への適応と自己の成長及び健康安全」，「（3）一人一人のキャリア形成と自己実現」，〔児童会活動〕，〔クラブ活動〕，〔学校行事〕（1）儀式的行事，（2）文化的行事，（3）健康安全・体育的行事，（4）遠足・集団宿泊的行事，（5）勤労生産・奉仕的行事を「内容のまとまり」とした。

　　中学校においては，学習指導要領の内容の〔学級活動〕「（1）学級や学校における生活づくりへの参画」，「（2）日常の生活や学習への適応と自己の成長及び健康安全」，「（3）一人一人のキャリア形成と自己実現」，〔生徒会活動〕，〔学校行事〕（1）儀式的行事，（2）文化的行事，（3）健康安全・体育的行事，（4）旅行・集団宿泊的行事，（5）勤労生産・奉仕的行事を「内容のまとまり」とした。

（3）特別活動の「評価の観点」とその趣旨，並びに「内容のまとまりごとの評価規準」を作成する際の基本的な手順

　　各学校においては，学習指導要領に示された特別活動の目標及び内容を踏まえ，自校の実態に即し，改善等通知の例示を参考に観点を作成する。その際，例えば，特別活動の特質や学校として重点化した内容を踏まえて，具体的な観点を設定することが考えられる。

　また，学習指導要領解説では，各活動・学校行事の内容ごとに育成を目指す資質・能力が例示されている。そこで，学習指導要領で示された「各活動・学校行事の目標」及び学習指導要領解説で例示された「資質・能力」を確認し，各学校の実態に合わせて育成を目指す資質・能力を重点化して設定する。

　次に，各学校で設定した，各活動・学校行事で育成を目指す資質・能力を踏まえて，「内容のまとまりごとの評価規準」を作成する。その際，小学校の学級活動においては，学習指導要領で示した「各学年段階における配慮事項」や，学習指導要領解説に示した「発達の段階に即した指導のめやす」を踏まえて，低・中・高学年ごとに評価規準を作成することが考えられる。基本的な手順は以下のとおりである。

---

① 　学習指導要領の「特別活動の目標」と改善等通知を確認する。

---

② 　学習指導要領の「特別活動の目標」と自校の実態を踏まえ，改善等通知の例示を参考に，特別活動の「評価の観点」とその趣旨を設定する。

---

③ 　学習指導要領の「各活動・学校行事の目標」及び学習指導要領解説特別活動編（平成29年7月）で例示した「各活動・学校行事における育成を目指す資質・能力」を参考に，各学校において育成を目指す資質・能力を重点化して設定する。

---

④ 　【観点ごとのポイント】を踏まえ，「内容のまとまりごとの評価規準」を作成する。

（参考）平成 23 年「評価規準の作成，評価方法等の工夫改善のための参考資料」からの変更点について

　今回作成した本参考資料は，平成 23 年の「評価規準の作成，評価方法等の工夫改善のための参考資料」を踏襲するものであるが，以下のような変更点があることに留意が必要である[14]。

　まず，平成 23 年の参考資料において使用していた「評価規準に盛り込むべき事項」や「評価規準の設定例」については，報告において「現行の参考資料のように評価規準を詳細に示すのではなく，各教科等の特質に応じて，学習指導要領の規定から評価規準を作成する際の手順を示すことを基本とする」との指摘を受け，第2編において示すことを改め，本参考資料の第3編における事例の中で，各教科等の事例に沿った評価規準を例示したり，その作成手順等を紹介したりする形に改めている。

　次に，本参考資料の第2編に示す「内容のまとまりごとの評価規準」は，平成 23 年の「評価規準の作成，評価方法等の工夫改善のための参考資料」において示した「評価規準に盛り込むべき事項」と作成の手順を異にする。具体的には，「評価規準に盛り込むべき事項」は，平成 20 年改訂学習指導要領における各教科等の目標，各学年（又は分野）の目標及び内容の記述を基に，学習評価及び指導要録の改善通知で示している各教科等の評価の観点及びその趣旨，学年（又は分野）別の評価の観点の趣旨を踏まえて作成したものである。

　また，平成 23 年の参考資料では「評価規準に盛り込むべき事項」をより具体化したものを「評価規準の設定例」として示している。「評価規準の設定例」は，原則として，学習指導要領の各教科等の目標，学年（又は分野）別の目標及び内容のほかに，当該部分の学習指導要領解説（文部科学省刊行）の記述を基に作成していた。他方，本参考資料における「内容のまとまりごとの評価規準」については，平成 29 年改訂の学習指導要領の目標及び内容が育成を目指す資質・能力に関わる記述で整理されたことから，既に確認のとおり，そこでの「内容のまとまり」ごとの記述を，文末を変換するなどにより評価規準とすることを可能としており，学習指導要領の記載と表裏一体をなす関係にあると言える。

　さらに，「主体的に学習に取り組む態度」の「各教科等・各学年等の評価の観点の趣旨」についてである。前述のとおり，従前の「関心・意欲・態度」の観点から「主体的に学習に取り組む態度」の観点に改められており，「主体的に学習に取り組む態度」の観点に関しては各学年（又は分野）の「1　目標」を参考にしつつ，必要に応じて，改善等通知別紙4に示された学年（又は分野）別の評価の観点の趣旨のうち「主体的に学習に取り組む態度」に関わる部分を用いて「内容のまとまりごとの評価規準」を作成する必要がある。

---

[14] 特別活動については，これまでも三つの観点に基づいて児童生徒の資質・能力の育成を目指し，指導に生かしてきたところであり，上記の変更点に該当するものではないことに留意が必要である。

報告にあるとおり，「主体的に学習に取り組む態度」は，現行の「関心・意欲・態度」の観点の本来の趣旨であった，各教科等の学習内容に関心をもつことのみならず，よりよく学ぼうとする意欲をもって学習に取り組む態度を評価することを改めて強調するものである。また，本観点に基づく評価としては，「主体的に学習に取り組む態度」に係る各教科等の評価の観点の趣旨に照らし，

①　知識及び技能を獲得したり，思考力，判断力，表現力等を身に付けたりすることに向けた粘り強い取組を行おうとする側面と，

②　①の粘り強い取組を行う中で，自らの学習を調整しようとする側面，

という二つの側面を評価することが求められるとされた[15]。

以上の点から，今回の改善等通知で示した「主体的に学習に取り組む態度」の「各教科等・各学年等の評価の観点の趣旨」は，平成22年通知で示した「関心・意欲・態度」の「各教科等・各学年等の評価の観点の趣旨」から改められている。

---

[15] 各教科等によって，評価の対象に特性があることに留意する必要がある。例えば，体育・保健体育科の運動に関する領域においては，公正や協力などを，育成する「態度」として学習指導要領に位置付けており，各教科等の目標や内容に対応した学習評価が行われることとされている。

第2編

「内容のまとまりごとの評価規準」

を作成する際の手順

1 特別活動における「評価の観点」とその趣旨について

　特別活動においては，改善等通知において示されたように，特別活動の特質と学校の創意工夫を生かすということから，設置者ではなく，「各学校で評価の観点を定める」としている。このため本章では，特別活動の学習評価が効果的に行われるようにするために，各学校において特別活動の観点とその趣旨，並びに評価規準を作成する際の参考となるよう，「評価の観点」とその趣旨並びに「内容のまとまりごとの評価規準」の作成の手順を説明するものである。

2 小学校特別活動の「内容のまとまり」

小学校特別活動における「内容のまとまり」は，以下のようになっている。

```
学級活動・・・（1）学級や学校における生活づくりへの参画
　　　　　　　（2）日常の生活や学習への適応と自己の成長及び健康安全
　　　　　　　（3）一人一人のキャリア形成と自己実現
児童会活動
クラブ活動
学校行事・・・（1）儀式的行事，（2）文化的行事，（3）健康安全・体育的行事，
　　　　　　　（4）遠足・集団宿泊的行事，（5）勤労生産・奉仕的行事
```

3 小学校特別活動における「評価の観点」とその趣旨，並びに「内容のまとまりごとの評価規準」作成の基本的な手順

　学習指導要領の特別活動の目標及び各学校の実態を踏まえて，特別活動の「評価の観点」を設定する。「内容のまとまりごとの評価規準」は，学習指導要領の「特別活動の目標」と改善等通知を踏まえ，特別活動の特質に応じた形で作成する。「評価の観点」とその趣旨，並びに「内容のまとまりごとの評価規準」作成の具体的な手順については，次ページ以降に記載している。

① 学習指導要領の「特別活動の目標」と改善等通知を確認する。
② 学習指導要領の「特別活動の目標」と自校の実態を踏まえ，改善等通知の例示を参考に，特別活動の「評価の観点」とその趣旨を設定する。
③ 学習指導要領の「各活動・学校行事の目標」及び学習指導要領解説特別活動編（平成29年度7月）（以下学習指導要領解説）で例示した「各活動・学校行事における育成を目指す資質・能力」を参考に，各学校において育成を目指す資質・能力を重点化して設定する。
④ 【観点ごとのポイント】を踏まえ，「内容のまとまりごとの評価規準」を作成する。

4 小学校特別活動における「評価の観点」とその趣旨，並びに「内容のまとまりごとの評価規準」の作成の具体的な手順

① 学習指導要領の「特別活動の目標」と改善等通知を確認する。

【特別活動の目標】

集団や社会の形成者としての見方・考え方を働かせ，様々な集団活動に自主的，実践的に取り組み，互いのよさや可能性を発揮しながら集団や自己の生活上の課題を解決することを通して，次のとおり資質・能力を育成することを目指す。

(1) 多様な他者と協働する様々な集団活動の意義や活動を行う上で必要になることについて理解し，行動の仕方を身に付けるようにする。

(2) 集団や自己の生活，人間関係の課題を見いだし，解決するために話し合い，合意形成を図ったり，意思決定したりすることができるようにする。

(3) 自主的，実践的な集団活動を通して身に付けたことを生かして，集団や社会における生活及び人間関係をよりよく形成するとともに，自己の生き方についての考えを深め，自己実現を図ろうとする態度を養う。

【各学校における特別活動の観点の設定の仕方について】

初等中等教育局長通知（H31．3．29）（改善等通知）では次のように示されている。

（前略）評価の観点については，小学校学習指導要領等に示す特別活動の目標を踏まえ，各学校において別紙4を参考に定める。その際，特別活動の特質や学校として重点化した内容を踏まえ，例えば「主体的に生活や人間関係をよりよくしようとする態度」などのように，より具体的に定めることも考えられる。（後略）

② 学習指導要領の「特別活動の目標」と自校の実態を踏まえ，改善等通知の例示を参考に，特別活動の「評価の観点」とその趣旨を設定する。

各学校においては，小学校学習指導要領に示された特別活動の目標及び内容を踏まえ，自校の実態に即し，改善等通知の例示を参考に観点を作成する。その際，例えば次に示すように，特別活動の特質や学校として重点化した内容を踏まえて，具体的な観点を設定することが考えられる。

【特別活動における「評価の観点及びその趣旨」をもとにした例】

よりよい生活を築くための知識・技能	集団や社会の形成者としての思考・判断・表現	主体的に生活や人間関係をよりよくしようとする態度
多様な他者と協働する様々な集団活動の意義や，活動を行う上で必要となることについて理解している。 自己の生活の充実・向上や自分	所属する様々な集団や自己の生活の充実・向上のため，問題を発見し，解決方法について考え，話し合い，合意形成を図ったり，意思決定したりして実践	生活や社会，人間関係をよりよく築くために，自主的に自己の役割や責任を果たし，多様な他者と協働して実践しようとしている。

らしい生き方の実現に必要となることについて理解している。よりよい生活を築くための話合い活動の進め方，合意形成の図り方などの技能を身に付けている。	している。	主体的に自己の生き方についての考えを深め，自己実現を図ろうとしている。

＊特別活動における資質・能力の視点（「人間関係形成」「社会参画」「自己実現」）をもとに重点化を図った例

集団や社会に参画するための知識・技能	協働してよりよい生活や人間関係を築くための思考・判断・表現	主体的に目標を立てて共によりよく生きようとする態度
多様な他者と協働し，集団の中で役割を果たすことの意義や，学級・学校生活を向上する上で必要となることを理解している。よりよい生活づくりのための話合いの手順や合意形成の図り方などの技能を身に付けている。	多様な他者と協働して，よりよい生活や人間関係を築くために，集団や個の生活上の課題について話し合い，合意形成を図ったり，意思決定したりして実践している。	学級や学校の一員としてのこれまでの自分を振り返り，なりたい自分に向けて目標をもって努力し，他者と協働してよりよく生きていこうとしている。

＊社会参画に重点化を図った例

多様な他者と協働するために必要な知識・技能	集団や社会をよりよくするための思考・判断・表現	主体的に集団活動や生活をよりよくしようとする態度
学級・学校生活の充実のために主体的に参画することの意義や，そのための話合いの手順を理解している。学級会等における合意形成の図り方などの技能を身に付けている。	学級・学校生活の充実・向上のために課題を考え，話し合い，集団としての解決方法を合意形成を図って決定したり，自分の実践目標を意思決定したりしている。	学級・学校の生活の改善・充実を図るために，多様な他者のよさを生かし，協働して実践しようとしている。なりたい自分を目指し，これまでの自分を振り返り，これからの集団活動や生活に生かそうとしている。

③ 学習指導要領の「各活動・学校行事の目標」及び学習指導要領解説で例示した「各活動・学校行事における育成を目指す資質・能力」を参考に，各学校において育成を目指す資質・能力を重点化して設定する。

　学習指導要領解説では，各活動・学校行事の内容ごとに育成を目指す資質・能力が例示されている。そこで，学習指導要領で示された「各活動・学校行事の目標」及び学習指導要領解説で例示された「資質・能力」を確認し，各学校の実態に合わせて育成を目指す資質・能力を重点化して設定する。

④ 【観点ごとのポイント】を踏まえ，「内容のまとまりごとの評価規準」を作成する。

　特別活動の目標や各活動・学校行事の目標，各学校で設定した各活動・学校行事において育成を目指す資質・能力を踏まえて，「内容のまとまりごとの評価規準」を作成する。その際，学級活動においては，学習指導要領解説に示した，発達の段階に即した指導のめやすや各学年段階における配慮事項を踏まえて評価規準を作成することが考えられる。

＊各学校で作成した評価の観点や目指す資質・能力をもとに，学習指導要領で示された各活動・学校行事の「内容」に即して，評価規準を作成する。

【評価規準の作成のポイント】

○「知識・技能」のポイント

・「知識・技能」は，話合いや実践活動における意義の理解や基本的な知識・技能の習得として捉え，評価規準を作成する。

・学習指導要領解説における資質・能力の例に示されている内容の意義を確認する。

・文末を「～を理解している，～を身に付けている」とする。

○「思考・判断・表現」のポイント

・「思考・判断・表現」は，話合いや実践活動における，習得した基本的な知識・技能を活用して課題を解決することと捉え，評価規準を作成する。

・「表現」は，これまでと同様に言語による表現にとどまらず，行動も含んで捉えることとする。

・文末を「～している」とする。

○「主体的に学習に取り組む態度」のポイント

・「主体的に学習に取り組む態度」は，自己のよさや可能性を発揮しながら，主体的に取り組もうとする態度として捉え，評価規準を作成する。

・身に付けた「知識及び技能」や「思考力・判断力・表現力等」を生かして，よりよい生活を築こうとしたり，よりよく生きていこうとしたりする態度の観点を具体的に記述する。

・各活動・学校行事において，目標をもって粘り強く話合いや実践活動に取り組み，自らの活動の調整を行いながら改善しようとする態度を重視することから，「見通しをもったり振り返ったりして」という表現を用いる。

・文末を「～しようとしている」とする。

　なお，学級活動の「内容のまとまり」は，学級活動(1)，(2)，(3)である。

　次に学級活動(1)を例に評価規準作成の手順を示す。

＜学級活動「(1) 学級や学校における生活づくりへの参画」を例にした手順＞

（ア）学習指導要領の「特別活動の目標」と自校の実態を踏まえて改善等通知の例示を参考に作成した特別活動の評価の観点を確認する。

（イ）「学級活動の目標」及び学習指導要領解説で例示した「学級活動(1)において育成を目指す資質・能力」を確認し，自校として育成を目指す資質・能力を設定する。

【学級活動の目標】
　学級や学校での生活をよりよくするための課題を見いだし，解決するために話し合い，合意形成し，役割を分担して協力して実践したり，学級での話合いを生かして自己の課題の解決及び将来の生き方を描くために意思決定して実践したりすることに，自主的，実践的に取り組むことを通して，第1の目標に掲げる資質・能力を育成することを目指す。

【学級活動(1)において育成することが考えられる資質・能力の例】
　学級活動(1)においては，例えば次のとおり資質・能力を育成することが考えられる。
○　学級や学校の生活上の諸問題を話し合って解決することや他者と協働して取り組むことの大切さを理解し，合意形成の手順や活動の方法を身に付けるようにする。
○　学級や学校の生活をよりよくするための課題を見いだし，解決するために話し合い，多様な意見を生かして合意形成を図り，協働して実践することができるようにする。
○　生活上の諸問題の解決や，協働し実践する活動を通して身に付けたことを生かし，学級や学校における人間関係をよりよく形成し，他者と協働しながら日常生活の向上を図ろうとする態度を養う。

（小学校学習指導要領解説特別活動編 P48）

（ウ）観点ごとの評価規準を作成する。

　学級活動については，発達の段階に即し，低・中・高学年ごとに評価規準を作成することが考えられる。その際，学習指導要領第6章第2〔学級活動〕3（1）に示された「各学年段階における配慮事項」（小学校学習指導要領解説特別活動編 P76）や，「学級活動(1)の発達の段階に即した指導のめやす」（同 P78）を参考にすることができる。

【学級活動「(1) 学級や学校における生活づくりへの参画」の評価規準（例)】
〔第1学年及び第2学年の例〕

よりよい生活を築くための知識・技能	集団や社会の形成者としての思考・判断・表現	主体的に生活や人間関係をよりよくしようとする態度
みんなで学級生活を楽しくするために他者と協働して取り組むことの意義を理解している。話合いの進め方に沿った意見の発表の仕方や他者の意見の聞き	学級生活を楽しくするために，問題を発見し，解決方法について話合いの進め方に沿って合意形成を図り，仲よく助け合って実践している。	学級生活を楽しくするために，見通しをもったり振り返ったりしながら，自己の考えをもち，役割を意識して集団活動に取り組もうとしている。

方を理解し，活動の方法を身に付けている。		

〔第3学年及び第4学年の例〕

よりよい生活を築くための知識・技能	集団や社会の形成者としての思考・判断・表現	主体的に生活や人間関係をよりよくしようとする態度
みんなで楽しい学級生活をつくるために他者と協働して取り組むことの意義を理解している。意見の比べ方やまとめ方を理解し，活動の方法を身に付けている。	楽しい学級生活をつくるために，問題を発見し，解決方法について理由などを比べ合いながら合意形成を図り，協力し合って実践している。	楽しい学級生活をつくるために，見通しをもったり振り返ったりしながら，自己の考えを生かし，役割を果たして集団活動に取り組もうとしている。

〔第5学年及び第6学年の例〕

よりよい生活を築くための知識・技能	集団や社会の形成者としての思考・判断・表現	主体的に生活や人間関係をよりよくしようとする態度
みんなで楽しく豊かな学級や学校の生活をつくるために他者と協働して取り組むことの意義を理解している。合意形成の手順や深まりのある話合いの進め方を理解し，活動の方法を身に付けている。	楽しく豊かな学級や学校の生活をつくるために，問題を発見し，解決方法について多様な意見のよさを生かして合意形成を図り，信頼し支え合って実践している。	楽しく豊かな学級や学校の生活をつくるために，見通しをもったり振り返ったりしながら，自己のよさを発揮し，役割や責任を果たして集団活動に取り組もうとしている。

【学級活動「(2) 日常の生活や学習への適応と自己の成長及び健康安全」の評価規準（例）】

〔第1学年及び第2学年の例〕

よりよい生活を築くための知識・技能	集団や社会の形成者としての思考・判断・表現	主体的に生活や人間関係をよりよくしようとする態度
自己の身の回りの諸課題の改善に向けて取り組むことの意義を理解し，基本的な生活を送るための知識や行動の仕方を身に付けている。	自己の身の回りの諸課題を知り，解決方法などについて話し合い，自分に合ったよりよい解決方法を意思決定して実践している。	自己の生活をよりよくするために，見通しをもったり振り返ったりしながら，進んで課題解決に取り組み，他者と仲よくしてよりよい人間関係を形成しようとしている。

〔第３学年及び第４学年の例〕

よりよい生活を 築くための知識・技能	集団や社会の形成者としての 思考・判断・表現	主体的に生活や人間関係を よりよくしようとする態度
日常生活への自己の適応に関する諸課題の改善に向けて取り組むことの意義を理解し，よりよい生活を送るための知識や行動の仕方を身に付けている。	日常生活への自己の適応に関する諸課題に気付き，解決方法などについて話し合い，自分に合ったよりよい解決方法を意思決定して実践している。	自己の生活をよりよくするために，見通しをもったり振り返ったりしながら，意欲的に課題解決に取り組み，他者と協力し合ってよりよい人間関係を形成しようとしている。

〔第５学年及び第６学年の例〕

よりよい生活を 築くための知識・技能	集団や社会の形成者としての 思考・判断・表現	主体的に生活や人間関係を よりよくしようとする態度
日常生活への自己の適応に関する諸課題の改善に向けて取り組むことの意義を理解し，健全な生活を送るための知識や行動の仕方を身に付けている。	日常生活への自己の適応に関する諸課題を認識し，解決方法などについて話し合い，自分に合ったよりよい解決方法を意思決定して実践している。	自己の生活をよりよくするために，見通しをもったり振り返ったりしながら，自主的に課題解決に取り組み，他者と信頼し合ってよりよい人間関係を形成しようとしている。

【学級活動「(3) 一人一人のキャリア形成と自己実現」の評価規準 (例)】

〔第１学年及び第２学年の例〕

よりよい生活を 築くための知識・技能	集団や社会の形成者としての 思考・判断・表現	主体的に生活や人間関係を よりよくしようとする態度
希望や目標をもつこと，働くことや学ぶことの意義を理解し，自己実現を図るために必要な知識や行動の仕方を身に付けている。	希望や目標をもつこと，働くことや学ぶことについての課題を知り，解決方法などについて話し合い，自分に合った解決方法を意思決定して実践している。	現在及び将来にわたってよりよく生活するために，見通しをもったり振り返ったりしながら，自己のよさを生かし，他者と協働して，自己実現に向けて進んで行動しようとしている。

〔第３学年及び第４学年の例〕

よりよい生活を 築くための知識・技能	集団や社会の形成者としての 思考・判断・表現	主体的に生活や人間関係を よりよくしようとする態度
希望や目標をもつこと，働くことや学ぶことの意義を理解し，	希望や目標をもつこと，働くことや学ぶことについて，よりよ	現在及び将来にわたってよりよく生きるために，見通しをも

将来への見通しをもち，自己実現を図るために必要な知識や行動の仕方を身に付けている。	く生活するための課題に気付き，解決方法などについて話し合い，自分に合った解決方法を意思決定して実践している。	ったり振り返ったりしながら，自己のよさを生かし，他者と協働して，自己実現に向けて意欲的に行動しようとしている。

〔第5学年及び第6学年の例〕

よりよい生活を築くための知識・技能	集団や社会の形成者としての思考・判断・表現	主体的に生活や人間関係をよりよくしようとする態度
希望や目標をもつこと，働くことや学ぶことの意義を理解し，自己のよさを生かしながら将来への見通しをもち，自己実現を図るために必要な知識や行動の仕方を身に付けている。	希望や目標をもつこと，働くことや学ぶことについて，よりよく生きるための課題を認識し，解決方法などについて話し合い，自分に合った解決方法を意思決定して実践している。	現在及び将来にわたってよりよく生きるために，見通しをもったり振り返ったりしながら，自己のよさを生かし，他者と協働して，自己実現に向けて自主的に行動しようとしている。

【児童会活動の評価規準（例）】

よりよい生活を築くための知識・技能	集団や社会の形成者としての思考・判断・表現	主体的に生活や人間関係をよりよくしようとする態度
楽しく豊かな学校生活をつくる児童会活動の意義について理解するとともに，活動の計画や運営の方法，異年齢集団による交流の仕方などを身に付けている。	児童会の一員として，学校生活の充実と向上を図るための課題を見いだし，解決するために話し合い，合意形成を図ったり，意思決定したり，人間関係をよりよく形成したりして主体的に実践している。	楽しく豊かな学校生活をつくるために，見通しをもったり振り返ったりしながら、多様な他者と互いのよさを生かして協働し，児童会の活動に積極的に取り組もうとしている。

【クラブ活動の評価規準（例）】

よりよい生活を築くための知識・技能	集団や社会の形成者としての思考・判断・表現	主体的に生活や人間関係をよりよくしようとする態度
同好の仲間で行う集団活動を通して興味・関心を追求することのよさや意義について理解するとともに，活動を計画する方法や創意工夫を生かした活動の進め方などを身に付けている。	クラブの一員として，よりよいクラブ活動にするために，諸問題を見いだしたり，解決するために話し合い，合意形成を図ったり，意思決定したり，人間関係をよりよく形成したりしながら実践している。	共通の興味・関心を追求するために，見通しをもったり振り返ったりしながら，他者と協働し，自分のよさを生かしてクラブの活動に積極的に取り組もうとしている。

【学校行事(1) 儀式的行事の評価規準（例）】

よりよい生活を築くための知識・技能	集団や社会の形成者としての思考・判断・表現	主体的に生活や人間関係をよりよくしようとする態度
儀式的行事の意義や，その場にふさわしい参加の仕方について理解し，厳粛な場におけるマナー等の規律，気品のある行動の仕方などを身に付けている。	学校や学年の一員として，よりよい学校生活にするために，新しい生活への希望をもって，集団の場において規則正しく行動している。	厳粛で清新な気分を味わい，儀式的行事を節目として，見通しをもったり振り返ったりしながら，これからの生活への希望や意欲を高め，儀式的行事に積極的に取り組もうとしている。

【学校行事(2) 文化的行事の評価規準（例）】

よりよい生活を築くための知識・技能	集団や社会の形成者としての思考・判断・表現	主体的に生活や人間関係をよりよくしようとする態度
文化的行事の意義や日ごろの学習成果を発表する方法，鑑賞の仕方について理解し，互いに発表したり，鑑賞し合ったりする活動に必要な知識や技能，マナーなどを身に付けている。	学校や学年の一員として，楽しく豊かな学校生活にするために，多様な文化や芸術について自他のよさについて考えたり，学習の成果を発表し合ったりして，互いのよさを認め合いながら実践している。	多様な文化や芸術に親しむとともに，自他のよさを見付け合い，自己を伸長し，見通しをもったり振り返ったりしながら，文化的行事に積極的に取り組もうとしている。

【学校行事(3) 健康安全・体育的行事の評価規準（例）】

よりよい生活を築くための知識・技能	集団や社会の形成者としての思考・判断・表現	主体的に生活や人間関係をよりよくしようとする態度
心身の健全な発達や健康の保持増進，事件や事故，災害等の非常時から身を守ることなどについてその意義を理解し，必要な行動の仕方など身に付けている。体育的な集団活動の意義を理解し，規律ある集団行動の仕方などを身に付けている。	学校や学年の一員として，健全な生活にするために，自己の健康や安全についての課題や解決策について考えたり，運動することのよさについて考えたりし，適切に判断し実践している。	心身の健全な発達や健康の保持増進に努め安全に関心をもつとともに，運動に親しみ体力を向上するために，見通しをもったり振り返ったりしながら，健康安全・体育的行事に積極的に取り組もうとしている。

【学校行事(4) 遠足・集団宿泊的行事の評価規準（例)】

よりよい生活を築くための知識・技能	集団や社会の形成者としての思考・判断・表現	主体的に生活や人間関係をよりよくしようとする態度
遠足・集団宿泊的行事の意義や校外における集団生活の在り方，公衆道徳などについて理解し，必要な行動の仕方を身に付けている。	学校や学年の一員として，よりよい集団活動にするために，平素とは異なる生活環境の中での集団生活の在り方ついて考えたり，共に協力し合ったりしながら実践している。	日常とは異なる環境や集団生活において，自然や文化などに関心をもち，見通しをもったり振り返ったりしながら，遠足・集団宿泊的行事に積極的に取り組もうとしている。

【学校行事(5) 勤労生産・奉仕的行事の評価規準（例)】

よりよい生活を築くための知識・技能	集団や社会の形成者としての思考・判断・表現	主体的に生活や人間関係をよりよくしようとする態度
勤労や生産の喜び，ボランティア活動などの社会奉仕の精神を養う意義について理解し，活動の仕方について必要な知識や技能を身に付けている。	学校や学年の一員として，よりよい学校・社会にするために，自他のよさを生かし，よりよい勤労や生産の在り方，働くことの意義や社会奉仕について考え，実践している。	学校や地域社会のために役立つことや働くこと，生産すること，他者に奉仕することに関心をもち，見通しをもったり振り返ったりしながら，勤労生産・奉仕的行事に積極的に取り組もうとしている。

第３編

学習評価について

（事例）

第3編

学習評価について

（事例）

第1章　特別活動の学習評価を行うに当たっての基本的な考え方

　特別活動においては，第2編でも示したように，学習指導要領の目標及び特別活動の特質と学校の創意工夫を生かすということから，設置者ではなく，各学校が評価の観点を定めることとしている。

　特別活動は，全校又は学年を単位として行う活動があり，学級担任以外の教師が指導することも多いことから，各学校には評価体制を確立し共通理解を図って，児童のよさや可能性を多面的・総合的に評価できるようにすることも求められる。

　また，評価を通じて，教師が自己の指導の内容や方法，指導過程等を振り返り，より効果的な指導が行えるような工夫改善を図ることが求められる。

　各学校においては，特別活動の特質を踏まえ，次のような評価の手順や留意点を参考にして，適切に評価を進めることが大切である。

1　評価の手順

①指導と評価の計画の作成	・特別活動の全体計画及び各活動・学校行事ごとの指導と評価の計画を作成する。
②評価のための基礎資料の収集	・計画に基づいて，評価のための基礎資料を収集する。
③評価の実施	・収集した資料を各学校で定めた所定の手続きにしたがって多面的・総合的に判断し，評価を行う。
④評価体制の改善	・評価結果を各学校における指導や評価体制の改善に生かす。

2　評価体制の確立

　特別活動の全体計画及び各活動・学校行事ごとの指導と評価の計画を基に多くの教師による評価を反映させるなど，学校としての評価体制を確立することが大切である。

学級活動において
　主として学級担任が事前から事後の振り返りまでの児童の活動の様子から，積極的によさや可能性を見取るようにする。

児童会活動，クラブ活動，学校行事において

※評価に必要な資料を収集する方法を工夫するとともに，それらが学級担任の手元に届き，活用されるようにする。

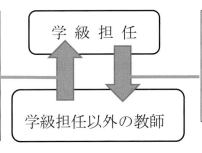

学級担任

学級担任以外の教師

※個々の児童の活動状況について，学級担任と担当する教師との間で情報交換を密にする。

※必要に応じて評価した結果を全教師で共有し，指導に生かすことができるようにする。

3 指導と評価の計画の作成

各活動・学校行事ごとの評価規準の作成 「目指す児童の姿」の設定	・各学校で評価規準を設定する際には，第2編を活用し，学級活動(1)(2)(3)の低・中・高学年の発達の段階，児童会活動，クラブ活動，各学校行事について，観点ごとに設定することが考えられる。 ・1単位時間の指導計画においては，各活動・学校行事ごとに設定した評価規準に即して，事前・本時・事後における「目指す児童の姿」を，具体的に設定することが考えられる。その際，評価場面の重点化を図ることも考えられる。

　各学校においては，各活動・学校行事ごとに指導と評価を適切に位置付けた計画を作成することが大切である。「学習指導要領第1章総則編第2　3(2)　イ」において，

> 　特別活動の授業のうち，児童会活動，クラブ活動及び学校行事については，それらの内容に応じ，年間，学期ごと，月ごとなどに適切な授業時数を充てるものとする。

と示されたことを受け，それぞれの目標やねらいが十分達成できるように，よく検討して適切に授業時数を充てるようにする。

4 多面的・総合的な評価の工夫

　特別活動においては，児童が自己の活動を振り返り，新たな目標や課題がもてるようにする。

　評価を進めるため，活動の結果だけでなく，活動の過程における児童の努力や意欲などを積極的に認めたり，児童のよさを多面的・総合的に評価したりすることが大切である。

　児童一人一人を評価する方法としては，教師による観察が中心となるが，チェックリストや児童自身の各種記録の活用など，評価方法の特質を生かして評価するようにする。特に，児童が「活動に見通しをもって取り組み，活動を振り返って次の課題解決につなげたり，改善したりする」等，自主的，実践的に取り組むことができるようにするために，児童の学習活動として，自己評価や相互評価を行うことも多い。したがって，観察による教師の評価と併せて，児童自身による評価を参考にすることも考えられるが，児童の評価をそのまま教師の評価とすることのないよう配慮する必要がある。

　また，児童一人一人のよさや可能性を生かし伸ばす点から，児童のよりよい姿が見られた際には，随時，当該児童に伝えたり，学級や学年，学校全体に紹介したりすることが考えられる。

5 評価機会の工夫

　特別活動は，活動の積み重ねにより年間を通して児童の資質・能力の育成を図るものである。すべての評価の観点について，事前・本時・事後の一連の学習過程の中で評価できるようにしたり，各活動・学校行事における顕著な事項は補助簿を活用して記録したりしておき，一定期間に実施した活動や学校行事を評価規準に基づき，まとめて評価するなど，効果的で効率的な評価となるよう配慮する必要がある。例えば学校行事において，5年生では「宿泊学習」については全員が振り返りを書くと

ともに活動の状況を評価するというように，1年間の学校行事を見通して重点化を図ることも考えられる。その際，一人一人の児童が振り返りをカードに記録したり，教師が補助簿に記載したりするなど，記録に残し，評価に生かすようにする。

6　小学校児童指導要録における特別活動の記録

　各学校で定めた評価の観点を指導要録に記入した上で，各活動・学校行事ごとに，十分満足できる活動の状況にあると判断される場合に，○印を記入する。学習指導要領に示す特別活動の目標や学校として重点化した内容を踏まえ，下の記入例のように，より具体的に評価の観点を示すことが考えられる。

　なお，「キャリア・パスポート」の活用については，「キャリア・パスポート」を書くためだけに時間を使うのではなく，学校行事へ向けためあてと振り返りを表と裏に記述することができる学習カードを用いるなど，特別活動の実践の中で使用した学習カードを「キャリア・パスポート」とすることも考えられる。

【小学校児童指導要録（参考様式）様式2（第5学年）の記入例】

全学年で共通した，各学校で定めた評価の観点を記入する。

特　別　活　動　の　記　録								
内　容	観　点 ＼ 学　年		1	2	3	4	5	6
学級活動	よりよい生活を築くための知識・技能		○		○	○	○	
児童会活動	集団や社会の形成者としての思考・判断・表現			○			○	
クラブ活動	主体的に生活や人間関係をよりよくしようとする態度		／	／	／	○		
学校行事	余白			○	○		○	

評価の観点の変更がある場合を想定して，余白をとっておく。

児童会活動は第1学年から第6学年までの全児童で組織する児童会による異年齢集団活動であることから，低学年においても活動の状況を適切に評価する。

これはクラブ活動を第4学年から実施している学校の例である。学校規模等により下学年から実施する場合は実施しない学年について斜線を引く。

　例えば，児童指導要録の「総合所見及び指導上参考となる諸事項」の欄に「自然の教室」で，めあてに向かって自分の役割を責任をもって行うとともに，友達と協力して野外活動に取り組んでいた。」と記入するなど，○を付けた根拠を示すようにする。

十分満足できる活動の状況について

　指導と評価に当たっては，各学校で「十分満足できる活動の状況」とは児童のどのような姿を指すのかを検討し，共通理解を図ってその取組を進めることが求められる。そのうえで，「目指す児童の姿」に照らして，十分満足できる活動の状況がみられた場合に指導要録に○を付ける。

　なお，特別活動における十分満足できる活動の状況の評価に当たっては，特別活動の特質を踏まえ，児童のよさや可能性を積極的に評価することが大切である。

第2章　学習評価に関する事例について

1　事例の特徴

第1編第1章2(4)で言及した学習評価の改善の基本的な方向性を踏まえつつ，平成 29 年改訂学習指導要領の趣旨・内容の徹底に資する評価の事例を示せるよう，本参考資料（特別活動編）における各活動・学校行事の事例は，原則として以下のような方針を踏まえたものとしている。

特別活動は，全校又は学年を単位として行う活動があり，また，学級担任以外の教師が指導することもある。このため，本参考資料（特別活動編）においては，学習指導要領に示された各活動・学校行事ごとに工夫例を交えながら評価の進め方や留意点等について記述している。

○　1単位時間や年間の指導と評価の計画を示している

本参考資料で提示する事例は，いずれも，各活動・学校行事における議題や題材，活動の一つを例にとり，1単位時間の指導計画を示すとともに，「内容のまとまりごとの評価規準」に即して，本時における「目指す児童の姿」の例を具体的に示した。

また，評価結果を児童の学習や教師の指導の改善に生かすまでの一連の学習評価の流れを念頭において，事前から事後までの一連の学習過程を指導案の形で表し，「目指す児童の姿」を具体的に示している。

○　評価方法の工夫を示している

各活動・学校行事において，学級会ノートやワークシート，活動の振り返りなどを活用した評価方法や補助簿を活用した評価方法などを資料として提示するなど，特別活動の特質を踏まえ，評価方法の多様な工夫について示している。

また，特別活動は，全校又は学年を単位として行う活動があり，また，学級担任以外の教師が指導することもある。そこで，学級担任と担当する教師との連携の在り方についても示している。

○　総括する評価について示している

特別活動は，各教科のように観点ごとの評価（ABC）や評定はなく，指導要録において，観点を踏まえて，各活動・学校行事ごとに児童の取組を総括的に評価するものである。

学級活動については，学級活動(1)(2)(3)の各活動における評価を総括する仕方など，評価を総括する例を示すとともに，学習カードを活用した評価の工夫例や，年間を通じて評価結果を蓄積する工夫例についても示している。

2　各事例概要一覧と事例

事例1 　学級活動(1) の指導と評価の計画から評価の総括まで

「がんばったね集会をしよう」（ア　学級や学校における生活上の諸問題の解決）（第5学年）

事例1は，学級活動「(1)学級や学校における生活づくりへの参画」の指導の計画と評価の事例である。第5学年の集会活動を議題とした話合い活動や実践活動について1単位時間の指導計画例を示すとともに，学級会ノートを評価の参考とした工夫例を示した。また，年間を通じて評価結果を蓄積する工夫例についても示した。

事例2　学級活動(2) の指導と評価の計画から評価の総括まで
「見直そう　ゲームの時間」（ア　基本的な生活習慣の形成）（第4学年）

　事例2は学級活動「(2)日常生活や学習への適応と自己の成長及び健康安全」の指導の計画と評価の事例である。第4学年「見直そう　ゲームの時間」を題材として，1単位時間の指導計画を示すとともに，学習カードを評価の参考とした工夫例や，年間を通じて評価結果を蓄積する工夫例を示した。

事例3　学級活動(3) の指導と評価の計画から評価の総括まで
「6年生に向けて」（ア　現在や将来に希望や目標をもって生きる意欲や態度の形成）（第5学年）

　事例3は学級活動「(3)一人一人のキャリア形成と自己実現」の指導の計画と評価の事例である。第5学年「6年生に向けて」を題材として，1単位時間の指導計画を示すとともに，学習カードや事前のアンケートを評価の参考とした工夫例や，年間を通じて評価結果を蓄積する工夫例を示した。

◇「学級活動の(1)(2)(3)の評価を総括して児童指導要録に〇をつける工夫例」

　学級活動(1)(2)(3)を総括して児童指導要録に〇を付けるための工夫例を示した。

事例4　児童会活動の指導と評価の計画から評価の総括まで
「保健委員会」

　事例4は，児童会活動の事例である。保健委員会の指導と評価の年間計画例と児童会集会活動の指導計画例や，担当する教師の補助簿や児童の活動記録を評価に活用する工夫例，担当する教師から学級担任へ伝える工夫例について示した。

事例5　クラブ活動の指導と評価の計画から評価の総括まで
「ダンスクラブ」

　事例5は，クラブ活動の事例である。ダンスクラブを例に，指導と評価の年間指導計画，クラブを楽しむ活動及びクラブ発表会の活動の流れと目指す児童の姿や，教師の補助簿やクラブ活動ノートを活用した指導と評価の工夫例，担当する教師から学級担任へ伝える工夫例について示した。

事例6　学校行事の指導と評価の計画から評価の総括まで
「宿泊学習（遠足・集団宿泊的行事）」

　事例6は，学校行事の事例である。学校行事の指導と評価の計画例を示すとともに，遠足・集団宿泊的行事の「宿泊学習」の指導計画例と，学習カードを活用した評価の工夫例を示した。

資料（参考）
　◇ 学級活動年間指導計画例
　◇ 係活動の評価の工夫例
　◇ 学級活動(1)における発達の段階に即した活動形態別の評価規準例
　◇ 学習過程の活動に即して評価の観点を重点化した例
　◇ 指導に生かす評価
　◇ キャリア教育の充実を図る特別活動の実践

特別活動　　事例1

キーワード　学級活動(1)の指導と評価の計画から評価の総括まで

議題	内容のまとまり
第5学年「がんばったね集会をしよう」	学級活動「(1)学級や学校における生活づくりへの参画」

1　学級活動(1)で育成を目指す資質・能力

○　学級や学校の生活上の諸問題を話し合って解決することや他者と協働して取り組むことの大切さを理解し，合意形成の手順や活動の方法を身に付けるようにする。

○　学級や学校の生活をよりよくするための課題を見いだし，解決するために話し合い，多様な意見を生かして合意形成を図り，協働して実践することができるようにする。

○　生活上の諸問題の解決や，協働し実践する活動を通して身に付けたことを生かし，学級や学校における人間関係をよりよく形成し，他者と協働しながら日常生活の向上を図ろうとする態度を養う。

2　第5学年及び第6学年の評価規準

よりよい生活を築くための知識・技能	集団や社会の形成者としての思考・判断・表現	主体的に生活や人間関係をよりよくしようとする態度
みんなで楽しく豊かな学級や学校の生活をつくるために他者と協働して取り組むことの意義を理解している。 合意形成の手順や深まりのある話合いの進め方を理解し，活動の方法を身に付けている。	楽しく豊かな学級や学校の生活をつくるために，問題を発見し，解決方法について多様な意見のよさを生かして合意形成を図り，信頼し支え合って実践している。	楽しく豊かな学級や学校の生活をつくるために，見通しをもったり振り返ったりしながら，自己のよさを発揮し，役割や責任を果たして集団活動に取り組もうとしている。

3　指導と評価の計画（1時間）

　児童が，学級や学校における生活の充実・向上を図るために，学級や学校での生活をよりよくするための課題を見いだし，「学級会」等で話し合い，合意形成を図り実践し，振り返ることができるようにすることが大切である。各学校は，このことを踏まえて指導計画を作成することになる。評価の方法としては，児童の行動や変容など，教師の観察による方法が中心となるが，学級会ノートを活用した方法なども考えられる。ここでは，評価の視点を記載した学級会ノートを活用した例と補助簿を活用した例を紹介する。

　次は，第5学年の議題「がんばったね集会をしよう」の1単位時間の指導計画例である。

第5学年○組　学級活動（1）指導案

○年○月○日（○）第○校時

指導者　　教諭　　○○　○○

1　議題　「がんばったね集会をしよう」

　　　学級活動(1)　ア　学級や学校における生活上の諸問題の解決

2 議題について
（1）児童の実態（略）
　　　・児童の学級生活における実態　　・これまでの学級活動の取組
　　　・高学年の評価規準からみた話合い活動における課題や目指す方向
（2）議題選定の理由（略）
　　　・議題が選定された背景や教師の指導観　　・評価との関わりについて
3 第5学年及び第6学年の評価規準（略）
4 事前の活動

日時	児童の活動	指導上の留意点	◎目指す児童の姿【観点】〈評価方法〉
○月○日（　）業間休み	・提案ポストの議題案を確認し，選定する。（計画委員会）	・議題選びの視点を念頭において選定することを指導する。	
○月○日（　）帰りの会	・議題を決定する。（学級全員）	・計画委員会で選定した議題案をもとに，学級全員で決定する。	
○月○日（　）昼休みなど	・活動計画を作成する。（提案理由，話合いのめあて，話し合うこと，決まっていること等を確認する）・学級会の進行の仕方を確認する。・学級活動コーナーに掲示する。（計画委員会）	・実態を踏まえ，日時や場所などの条件を「決まっていること」として教師が設定する。・提案者の思いや願いを学級全体の共同の問題になるように，提案理由をしっかりと深めるようにする。	◎がんばったね集会への見通しをもち，意欲的に取り組もうとしている。【主体的態度】〈学級会ノート〉◎友達のがんばりを認め合うことができる集会の内容を学級会ノートに書いている。【思考・判断・表現】〈観察・学級会ノート〉
○月○日（　）帰りの会	・学級会ノートに自分の考えを記入する。（学級全員）	・話し合うことや決まっていることが，共通理解できるように必要に応じて助言する。・提案理由を踏まえた自分の考えを記入できるようにする。	
○月○日（　）昼休み	・学級会ノートに目を通し，書かれた意見を整理する。（計画委員会）	・出された意見から話合いの見通しがもてるように助言する。必要に応じて短冊に記入する。・学級会ノートに励ましの言葉等を記入し，話合いの意欲を高める。	短冊を分類・整理する児童

5 本時の展開
（1）　本時のねらい
　　　　1年間の互いのがんばりを認め合う楽しい「がんばったね集会」をするために，集会の内容を考えることができるようにする。
（2）　児童の活動計画（資料④）

（3）　教師の指導計画

話合いの順序	指導上の留意点	◎目指す児童の姿【観点】〈評価方法〉
1　はじめの言葉 2　計画委員の自己紹介 3　議題の確認 4　提案理由や話合いの 　　めあての確認 5　決まっていることの 　　確認	・めあてをもって自分の役割に臨めるようにする。 ・提案者の思いや願いを全員が理解し，学級全員の問題であることを確認する。 　話合いのめあて 「がんばったことを振り返ることができる集会の内容と工夫を考えよう。」 ・決まっていることを確認する。 　①日時…○月○日○時間目　②場所…教室 　③ゲームで1つ，それ以外で1つ	提案理由・話合いのめあて・決まっていることについて，児童の活動計画に具体的に書かれている場合は，教師の指導計画には省略することも考えられる。 プログラムを示すことも考えられる。
6　話合い 話し合うこと① 「何をするか。」 話し合うこと② 「がんばりを認め合う工夫はどうするか。」 話し合うこと③ 「どんな係が必要か。」	・司会が進行に困った時は方向性を示唆し，児童の合意形成を方向付けるような助言はしない。 ・自治的活動の範囲を超えそうな場合は，適切に助言する。 ・必要に応じて，自分の意見に固執せず，納得したうえで考えを変えるなど，折り合いをつけて合意形成を図ることの大切さについて助言する。 ・これまでの集会の経験をもとに必要な係については事前に短冊を用意しておき，今回新たに必要な係について話し合う。	◎これまでの集会活動の経験を生かしたり，友達の意見のよさを生かしたりして，がんばったね集会の内容や工夫について考えている。 ◎みんなでがんばったことを認め合う内容はどれがよいか根拠を明確にしながら発言したり，友達の意見と比べて聞いたりしている。 【思考・判断・表現】 〈発言・観察〉
7　決まったことの発表 8　話合いの振り返り 9　先生の話 10　おわりの言葉	・よかった点や課題について自己評価し，友達のよかった点などについて相互評価できるように助言する。 ・終末の助言では，「①前回の話合いと比べてよかった点，合意形成したことへの価値付けや称賛，②今後の課題，③計画委員へのねぎらい，④今後の見通しや実践に向けての意欲付け等」について簡潔に述べる。 ・提案理由を意識した発言や建設的な発言，意欲的に参加していた児童を称賛する。 ・実践への見通しをもち，意欲が高まるように言葉掛けを行う。	十分満足できる活動の状況を的確に見取るため，具体的な児童の姿をいくつか想定して記述する。

話合いを振り返る様子

話合いの様子

6 事後の活動

日時	児童の活動	指導上の留意点	◎目指す児童の姿【観点】〈評価方法〉
○月○日（　）帰りの会	・決まったことを学級活動コーナーに掲示する。 ・役割分担が決まっていなければ，係の役割分担をする。	・学級会で決まったことの要点をまとめて書くよう計画委員に助言する。	
○月○日（　）〜○月○日（　）休み時間等	・係ごとに計画を立てて，協力して準備をする。 ・帰りの会などで係ごとに経過報告を行ったり，お知らせを伝えたりする。	・係は必ず複数名で担当し，全員で協力して活動できるようにする。 ・準備の進捗状況を途中で確認し活動意欲の継続化を図る。	◎がんばったね集会のめあてを意識して，友達と協力して取り組んでいる。【思考・判断・表現】〈学級会ノート〉
○月○日（　）○校時	・「がんばったね集会」を行う。 集会で司会進行する児童	・集会のねらいを確認し，協力して実践できるようにする。 ・協力したり工夫して活動したりしている児童を称賛する。	
○月○日（　）	・一連の活動を振り返る。 集会を終え振り返りを書く児童	・自分の態度を振り返るとともにめあてに基づいた振り返りを行い，自分の役割を果たすことや友達のよかったところについても認められるように助言する。	◎がんばったね集会の成果と課題を振り返り，自他のがんばりに気付いたり，次の活動に生かそうとしたりしている。【主体的態度】〈学級会ノート・観察〉

4 観点別学習状況の評価の進め方

◇学級活動における児童のノートを活用した評価の工夫例

　学級活動(1)の評価については，話合いのめあてや提案理由に沿って考え，発表し合っているかなど，児童の活動の様子を観察して見取ることが中心となるが，学級会ノートの記述も評価の参考にすることができる。〈資料①②〉のような学級会ノート（両面Ａ４）を使って，話合い活動だけではなく，実践までの一連の活動を振り返ることができるようにする方法もある。学級会ノートを活用し，一連の活動の振り返りを行うことで，成長の実感や新たな課題の発見につなげることができる。

第3編 事例1

〈資料①　学級会ノート（表）〉

第 12 回	学級会ノート	○月 ○日 （ ） ○校時

5年　2組　番　名前　○○○　○○○

議題	5年生がんばったね集会をしよう
提案理由	5年2組のみんなで4月からがんばってきました。1年間のがんばりをみんなで認め合いながら楽しめる会をすることで、さらにみんなが仲良くなり、これからもがんばろうという気持ちになると思って提案しました。
決まっていること	日時・・・ 月 日の 時間目　場所・・・教室　ゲームは1つ、それ以外1つ。

司会グループ	司会		黒板記録		ノート記録

話し合うこと	自分の意見　（理由もしっかり書こう）
(1) 何をするか。	意見　思い出すごろく 理由　すごろくのマスに5年2組ががんばってきたことを書くといいと思うから。
(2) がんばりを認め合う工夫はどうするか。	意見　音楽会で歌った曲を歌う 理由　音楽会に向けてたくさん練習した思い出の曲をみんなで歌えば、みんなのがんばりを思い出すことができるから。
(3) どんな役割が必要か。	意見　プログラム係 理由　前もってプログラムを作って掲示して、みんなのワクワク感を高めたいから。

・提案理由や話合いのめあてにそって、話し合うことができましたか。	◎	○	△
・友達の意見のよいところを考えながら聞くことができましたか。	◎	◎	△
・自分の意見を進んで発表できましたか。	◎	○	△
・決まったことや自分がこれから何をしたらよいのか分かりましたか。	◎	○	△
・がんばりを認め合う工夫について考え、みんなでまとめることができましたか。	◎	○	△

☆今日の話合いをふり返って
　提案理由を意識して話し合うことができました。　さんの「思い出クイズ」をすごろくのマスに取り入れるといい。という意見のよいところを合わせて、みんながなっとくするまとめ方で決めることができたのでよかったです。

☆決まったことや自分の役わりについて、これからがんばりたいこと
　プログラム係になったので、協力して楽しいプログラムをつくりたいです。みんなで思い出すごろくを楽しんでさらにみんなで仲良くなりたいです。

【知識・技能】
　提案理由の「がんばりを認め合う」という活動の意義を理解し、その達成のために意見を考えている様子から、十分満足できる活動の状況であると考えられる。

　話合い活動の振り返りとして、3段階で振り返ることで、児童自身の自己評価の力を高めたり、【思考・判断・表現】の評価の参考にしたりする。

【思考・判断・表現】
　解決方法について多様な意見のよさを生かして合意形成を図ろうとしている様子から、十分満足できる活動の状況であると考えられる。

❀ 【5年生がんばったね集会】 ❀

❀ 自分のめあて ❀

日付	○月○日（○）
名前	○○○　○○○

第3編
事例1

> 友達のがんばったことをたくさん見つけて、もっと仲よくなりたいです。

❀✿❀ 活動をふりかえりましょう ✿❀❀

	◎	○	△
・提案理由を意識して集会ができましたか。	◎	○	△
・自分のめあてに向けてがんばりましたか。	◎	○	△
・自分の役割に責任をもって取り組むことができましたか。	◎	○	△
・友達と協力して、楽しく活動することができましたか。	◎	○	△

　集会では、1年間がんばってきたことを、すごろくやクイズなどを楽しみながら振り返ることができました。すごろくをとおしてなつかい出来事や忘れていた学習内容を思い出すことができてよかったです。思い出ふりかえりタイムでは、みんなの心にのこっているできごとを聞くことができました。色々なできごとを通して成長してきたんだなと思いました。自分のめあてを振り返って、プログラムを早くつくることができ、一人一人にメッセージを書いたミニ賞状も作りました。大変だったけれど4人で協力できたし、みんながとても喜んでいたので達成感を感じました。進級してもみんなで協力してがんばっていきたいです

【主体的態度】
　自他の取組や実践を振り返り、自己のよさを発揮し、役割や責任を果たして取り組もうとしている様子や友達と協力して準備や活動に取り組んでいる様子から、十分満足できる活動の状況であると考えられる。

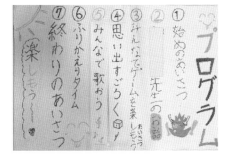

集会のプログラム

「思い出すごろく」に取り組む児童

賞状を作り、表彰する児童

5　観点別学習状況の評価の総括

　次に示した〈資料③〉は，どの議題にも共通する項目を定めて評価し，機会を捉えて，顕著な事項を見取って記録した結果が，学期や年間を通して一覧で見られるようにした評価補助簿の例である。学級会ノートにおける事前の意見や実践後の振り返り等の記述を参考にしたり，話合いや実践の様子を観察したりしながら，機会を捉えて評価する。その際，十分満足できる活動の状況について学校で共通理解を図ることが求められる。そのためには，次のような評価補助簿を活用して評価することが考えられる。

〈資料③　学級活動⑴における評価補助簿の例〉

第3編
事例1

知識・技能の評価
　学級会ノートの記述から提案理由を理解しているかや，計画委員会の活動から話合いの進め方を理解し身に付けているか等を見取る。

思考・判断・表現の評価
　話合いの様子から，出された意見のよさを生かしたり，改善策を考えたり，組み合わせたりして考えているか等を見取る。

主体的態度の評価
　実践の様子から，自分のよさを生かし役割に取り組んだり，友達と協働して取り組んだりし活動しているか等を見取る。

どのような姿を見取るのかを補助簿に具体的に示しておくことも考えられる。

○やメモの記述がない児童について，児童のよさを積極的に見取るために，機会を捉え重点的に評価したり，課題を把握し個別の指導を図ったりし，評価を指導に生かすことが重要である。

一連の学習過程を通して，児童の様子の観察やノートの記述等を参考にしながら，機会を捉えて評価する。十分満足できる活動の状況の場合，その都度，○を付けたり，メモ欄にその様子の記述に日付を加えてメモを書いたりする。

	名前	知・技 ・話合いの進め方、まとめ方を理解している。	思・判・表 ・意見のよさを生かしたり、創意工夫したりして、発言している。	主体的態度 ・決定したことや自分の役割を友達と協働し、意欲的に取り組もうとしている。	メモ	総括
1	A	○	○	○○	7/16 集会の準備を休み時間に一生懸命行い，全員分のメダルを作っていた。	○
2	B	○	○	○	9/17 学級会では，みんなが納得するアイデアを改善策として発表していた。	○
3	C					
4	D			○		
5	E	○○	○○○	○○	6/15 準備をしたりクイズを考えたりと主体的に活動し，みんなを楽しませた。9/17 司会を務め，出された意見を生かして合意形成を図ろうとしていた。	○

　児童による活動計画の作成に当たっては，児童によって計画し，一連の活動を見通して，自分たちの力で実行できるようにすることが重要である。全体を以下のような計画委員会ノートを作成し，円滑な学級会の進め方や合意形成の仕方等について計画委員と確認することが重要である。

　記載する内容については，議題に沿ったものにし，学級会を進めていく上で必要な内容や合意形成を図るために必要な内容等について書くようにする。

第　回　　計画委員会ノート　○月　○日（　）○校時

○年　○組　○番　名前　　○○○　○○○

議題	5年生がんばったね集会をしよう
提案理由	5年○組のみんなで4月からがんばってきました。1年間のがんばりをみんなで認め合いながら，楽しめる会をすることで，さらにみんなが仲良くなり，これからもがんばろうという気持ちになると思って提案しました。
決まっていること	日時・・○月○日の○時間目 場所・・教室　　ゲームは1つ　それ以外1つ

司会グループ	司会		黒板記録		ノート記録
	○○さん	○○さん	○○さん	○○さん	○○さん

話合いのめあて	がんばったことを振り返ることができる会の内容と工夫を考えよう。
自分のめあて	わかりやすいように線でまとめたりつなげたり工夫して黒板にかく。

話合いの順序	気をつけること	準備
1　はじめのことば 2　司会グループの紹介 3　議題の確認 4　提案理由の説明 5　決まっていることの確認 6　話合いのめあての確認 7　話合い 　話し合うこと① 　　「何をするか」 　　　　　（10分間） 　話し合うこと② 　「がんばりを認め合う 　工夫はどうするか」 　　　　　（15分間） 　話し合うこと③ 　「どんな役割が必要か」 　　　　　（5分間） 8　決まったことの発表 9　振り返り 10　先生のお話 11　おわりのことば	・自分のめあてをはっきり言う。 ・他に確認したいことはないか聞く。 ・がんばったことを振り返られるようながんばったね集会にしようとみんなに考えてもらう。 ・反対意見がでたら，解決するアイデアがあるか聞く。 ・ゲームのやり方がわからないときは，じっさいにやってもらう。 ・すごろくのひとマスの大きさはじっさいに見せてもらう。 ・みんなのがんばりが認められるゲームなのか考える。 ・時間に気を付けて話し合うようにする。 ・「ゲームの工夫」と「会の工夫」に分け黒板に書く。 ・工夫はいくつあってもよいけど，できるかどうかみんなに考えてもらって，意見をまとめる。 ・みんなが学級会ノートに書いた役わりを先にはっておき，他に必要な役わりはないか聞く。 ・学級会ノートに振り返りをかいてもらう。 （時間があったら発表する。なかったら帰りの会でする。）	・ノート

司会グループの自分の役割について具体的なめあてを立てることができるようにし，主体的に取り組むことができるようにする。

話合いを進める際の留意点，合意形成に向けた意見のまとめ方等について計画委員会で話し合い，記述しておく。

意見の分類の仕方について，計画委員会で確認する。

【主体的態度】
自分の役割や責任を果たして学級会に取り組もうとしている様子から，十分満足できる活動の状況であると考えられる。

事前に学級会ノートに目を通し，出ている意見をまとめておくと効率的な話合いになる。

【知識・技能】
計画委員会の役割や準備など，効率的な進め方を理解している様子から，十分満足できる活動の状況であると考えられる。

特別活動　　事例2

キーワード　学級活動⑵の指導と評価の計画から評価の総括まで

題材	内容のまとまり
第4学年「見直そう　ゲームの時間」	学級活動「⑵日常の生活や学習への適応と自己の成長及び健康安全」

1　学級活動⑵で育成を目指す資質・能力

○　日常の生活や学習への適応と自己の成長及び健康安全といった，自己の生活上の課題の改善に向けて取り組むことの意義を理解するとともに，そのために必要な知識や行動の仕方を身に付けるようにする。

○　自己の生活上の課題に気付き，多様な意見を基に，自ら解決方法を意思決定することができるようにする。

○　自己の生活をよりよくするために，他者と協働して自己の生活上の課題の解決に向けて粘り強く取り組んだり，他者を尊重してよりよい人間関係を形成しようとしたりする態度を養う。

2　第3学年及び第4学年の評価規準

よりよい生活を築くための知識・技能	集団や社会の形成者としての思考・判断・表現	主体的に生活や人間関係をよりよくしようとする態度
日常生活への自己の適応に関する諸課題の改善に向けて取り組むことの意義を理解し，よりよい生活を送るための知識や行動の仕方を身に付けている。	日常生活への自己の適応に関する諸課題に気付き，解決方法などについて話し合い，自分に合ったよりよい解決方法を意思決定して実践している。	自己の生活をよりよくするために，見通しをもったり振り返ったりしながら，意欲的に課題解決に取り組み，他者と協力し合ってよりよい人間関係を形成しようとしている。

3　指導と評価の計画

　学級活動「⑵日常の生活や学習への適応と自己の成長及び健康安全」においては，粘り強く自己の課題解決に向け取り組めるようにし，児童一人一人に自己指導能力を育成することをねらいとしている。ねらいに迫るためには現在の自分の課題を見つめ，自己の成長のために学級全体で話し合い，自分に合った具体的な解決方法や目標を意思決定し，主体的に実行できるようにする一連の活動が大切である。評価の方法としては，児童の行動や変容など，教師の観察による方法が中心となるが，学習カードを活用した方法なども考えられる。ここでは，評価の視点を記載した補助簿を活用した例と学習カードを活用した例を紹介する。

第4学年○組　学級活動（2）指導案

　　　　　　　　　　　　　　　　　　　　　　　　　　　○月○日（○）第○校時
　　　　　　　　　　　　　　　　　　　　　　　指導者　教諭　　　　○○　○○
　　　　　　　　　　　　　　　　　　　　　　　　　　　養護教諭　○○　○○

1　　題材　「見直そう　ゲームの時間」
　　　　　　学級活動⑵　ア　基本的な生活習慣の形成

2　　題材について（略）
（1）児童の実態（略）
　　　・本題材に関わるアンケートの結果を踏まえた児童の実態
　　　・これまでの学級活動の取組・中学年の評価規準からみた実態と目指す方向

（2）題材設定の理由（略）
　　・本題材設定の理由
　　・本題材における指導の工夫と評価との関わり

3　第3学年及び第4学年の評価規準（略）

4　事前の指導

児童の活動	指導上の留意点	◎目指す児童の姿 【観点】〈評価方法〉
アンケートに記入する。	・ゲームに費やす時間やゲームのやりすぎで困った経験などを調査し，表やグラフにまとめる。 ・これまでの生活を振り返る時間を設け，課題への意識を高められるようにする。	◎ゲームに関する自己の生活を進んで振り返ろうとしている。 【主体的態度】〈アンケート〉

5　本時のねらい
　　ゲームに集中しすぎてしまうことが学校生活に影響を与えることを知り，けじめをつけて利用することができるようにする。

6　本時の展開

	児童の活動	指導上の留意点 T1（学級担任）	指導上の留意点 T2（養護教諭）	資料	◎目指す児童の姿 【観点】〈評価方法〉
導入 つかむ （5）	1　事前のアンケートを見て気付いたことを話し合う。 2　ゲームのやりすぎによる問題点を考える。	・ゲームに関する学級全体の課題を確認し，課題解決への必要感を高める。	・スライドでアンケート結果を表示する。	集計結果	
展開 さぐる （15）	3　ゲームをやめられない原因を考える。 4　ゲームのやり過ぎによる体への影響を知る。	・自分の意志の弱さでやめられない以外にも，ゲームには，集中させる仕組みがあることを知る。 ・ルールを守ってゲームを利用することの大切さを説明する。	・視力の低下や睡眠不足が学力にも影響することなどを説明する。	体への影響に関する掲示資料	

> T1・T2の役割を明確にして，ともに授業を考えるようにすることが大切である。

ゲームの時間を守れるようにするためにどのようにしたらよいか考えよう

> 題材を児童に分かる言葉に置き換えて，本時のめあてとして提示した例

見つける (15)	5　ゲームのやり過ぎを改善する方法について話し合う。	・やり過ぎないようにするにはどのようにすればよいか，自分の経験を想起したり，友達の工夫を聞いたりして，具体的な方法を考えられるようにする。	話合いをする児童の様子	◎どうしたらゲームのやり過ぎを改善できるのかを考えている。【思考・判断・表現】〈観察〉

「十分満足できる活動の状況」を的確に見取るため，評価規準をもとに具体的な児童の姿を想定していくつか記述する。

終末 決める (10)	6　話し合ったことを参考にしてこれからの生活におけるゲームの約束について，個人目標（内容や方法など）を決める。	・話合いの結果を参考に，自分の課題に合った具体的な目標になるよう，助言する。・数名に発表してもらい，目標の修正や実践の参考にできるようにする。	・机間指導を行い必要に応じて具体性のある目標が立てられるよう助言する。　学習カード	◎自分の課題に合った具体的な目標を決めている。【思考・判断・表現】〈めあてカード〉

【努力を要する活動の状況と判断される場合】
　児童の家庭での様子を聞きながら，板書に掲示してある具体的な方法や友達の発表を参考に目標を設定するよう助言する。

7　事後の指導

児童の活動	指導上の留意点	◎目指す児童の姿【観点】〈評価方法〉
自分の立てた目標や取組について振り返る。友達同士で取組を確認し合う。	・事後に振り返る機会を設定し，実践化に向けて継続した取組になるように助言する。・帰りの会などを利用して，友達同士で取組を確認し合う場を設け，お互いのがんばりを励まし合うことにより，実践の継続を図るようにする。	◎今後の生活におけるゲームの使い方への見通しをもち，自己の課題を改善しようとしている。【主体的態度】〈めあてカード〉

8　板書計画

9/15 見直そうゲームの時間

ゲームの時間を守れるようにするためにどのようにしたらよいか考えよう

つかむ

ゲームをしている時間（平日）
・ゲームをやっている人が多い
・2時間以上ゲームをしている人が多い

さぐる

ゲームをやりすぎてしまう原いんは？
・おもしろいから
・つづきが気になるから
・強くなりたいから

ゲームのゆうわく
↓
すいみん不足・視力のてい下
↓
学校生活にもえいきょう

見つける
・時間がすぎたら，家の人にわたす。
・タイマーをセットして，時間を忘れないようにする。
・ゲームができる時間を家の人にせっていしてもらう。
・しゅくだいをやってからゲームをする。
・読書をしたり絵をかいたりする。

こまったことはありますか
・ねぼうした。
・しゅくだいをやれなかった。
・お家の人にしかられた。
・目がいたくなった。
・ねむれなくなった。

決める
ゲームの時間は毎日1時間以内にする。
時間がすぎたら家の人にあずかってもらう。

ゲームの時間は平日は40分，土日は1時間にする。
タイマーをセットしてわすれないようにする。

4 評価方法の工夫例

（1）学習カードを活用した評価の工夫例

次の資料①は，本時の活動から【思考・判断・表現】，事後の活動から【主体的態度】を見取るための評価カードの工夫例である。

〈資料①学習カード〉

「見直そう　ゲームの時間」 4年 1 組 名前 ＿＿＿＿＿＿＿＿

1　今日の授業でわかったこと

ゲームをやりすぎると目がわるくなったり、夜にねむれなくなったりして学校生活にもわるいえいきょうがあることがわかりました。

2　わたしが決めた目標

【なにを・どのように】

・ゲームをする時間を平日は40分以内にして土日は1時間以内にします。

・ふとんの中ではゲームをしないようにするために、ゲームはリビングにおきます。

【目標のしゅう正】

※自己の取組を振り返るとともに，目標達成に向けての手立てを再度，考える機会を設けることも考えられる。（資料②）

4　自分の活動をふりかえろう。（よくできた◎　できた○　できなかった△）

9月11日	9月12日	9月13日	9月14日	9月15日	9月16日	9月17日
○	△	○	△	◎	◎	◎

5　活動して思ったこと、感じたことを書きましょう。

9月18日（水）

はじめはがまんするのがとてもたいへんでした。でも、ゲームをやらなかったらほかの遊びを見つけました。弟とトランプをしたり、絵をかいたりして遊んだら楽しかったです。ほかの遊びも見つけたいです。

6　先生から

がまんしてできて立派ですね。ゲームいがいのあそびを見つけられてよかったですね。これからもがんばりましょう。

※【知識・技能】について，指導すべき知識・技能が明確な場合は，学習カードに評価項目を設けて見取ることも考えられる。

【思考・判断・表現】
課題解決に向け「なにを」「どのように」といった視点で，めあてを書くことで，実現可能な具体的な目標になっているかを見取る。この児童の場合，時間や方法などを具体的に決めることができていることから十分満足できる活動の状況であると考えられる。

自己評価
日常生活の様子を加味しながら，児童の自己評価をもとに取組を称賛したり，指導に生かしたりする。

【主体的態度】
取組を振り返り，次の生活に生かそうとしているかを見取る。ゲーム以外の楽しみを見付けることができたと書いてあることから，十分満足できる活動の状況であると考えられる。

（2）目標の修正について

次の資料は，目標の修正に取り組み，達成に向けた手立てを再設定した例である。学習カードを活用し，最後まで実践しようとする意欲を高めることが大切である。

〈資料②目標を修正した学習カードの例１〉

【目標のしゅう正】
・平日の40分以内はぜったいにまもる。
・お家の人にゲームができる時間をせっていしてもらい40分以上はぜったいにできないようにする。

> この児童の場合，目標の修正をするとともに達成に向けて保護者に支援してもらう手立てを考えている。

〈資料②目標を修正した学習カードの例２〉

【目標のしゅう正】
○ゲームはしゅくだいが終わってからやるようにする。
○ゲームの時間40分が終わったら，読書をする。

> この児童の場合，実践していく中で，ゲーム以外に何ができるかを具体的に考え，目標を追加している。

（3）年間を通じて評価結果を蓄積する工夫例

次の資料は，教師の観察や学習カードの記入を参考に，機会を捉えながら評価し，それを記録するためのものである。ここでは，学級活動(2)，(3)においては，「現在の生活上の課題」「現在及び将来を見通した生活や学習の課題」という違いはあるが，基本的な学習過程が同じであることを踏まえ，同じ補助簿を用いて，評価結果を蓄積していく例である。

〈資料③ 補助簿の例〉

知識・技能の評価
学習カードの記述や実践の様子から生活や学習に必要な知識・技能を身に付けているか等を見取る。

思考・判断・表現の評価
話合いで出された考えを踏まえ，自分の課題に合った具体的なめあてを立てているか等を見取る。

主体的態度の評価
実践の様子や実践後の様子から，見通しをもって活動しようとしているか粘り強く活動しようとしているか等を見取る。

		知・技	思・判・表	主体的態度	メ モ	総括
1	A	○	○	○	7/15 自分に合っためあてを立てている。	○
				○	4/11 4年生の生活を見通した目標を設定していた。	
		○○	○		5/13 具体的なめあてを設定し，進んで挨拶をしていた。 9/11 ゲームをする時間について具体的な行動目標を設定していた。	○
4	D	○			11/13 家庭学習ノートの使い方が向上した。	
5	E		○		12/21 インフルエンザの予防方法を理解し手洗いを心がけている。	

> 学級活動(2)「見直そう ゲームの時間」において，自分の課題に合った具体的なめあてを設定するなど，十分満足できる活動の状況だったため○が付いている。

【メモによる評価の蓄積】
○を付けて評価した児童の姿を記録しておくことも考えられる。メモを蓄積することで，総合所見及び指導上参考となる諸事項に書く際に生かすことができる。

【学級活動(2)(3)の総括について】
総括して○を付ける際には，学校で統一した方法を予め設定しておくことが必要である。例えば，上記の表のように知識・技能に○が付いていなくても，思考・判断・表現，主体的態度において，複数○が付いている場合，総括においても○を付けることも考えられる。

特別活動　　事例3

キーワード　学級活動(3)の指導と評価の計画から評価の総括まで

題材	内容のまとまり
第5学年「6年生に向けて」	学級活動「(3)一人一人のキャリア形成と自己実現」

1　学級活動(3)で育成を目指す資質・能力

○　働くことや学ぶことの意義を理解するとともに，自己のよさを生かしながら将来への見通しをもち，自己実現を図るために必要なことを理解し，行動の在り方を身に付けるようにする。

○　自己の生活や学習の課題について考え，自己への理解を深め，よりよく生きるための課題を見いだし，解決のために話し合って意思決定し，自己のよさを生かしたり，他者と協力したりして，主体的に活動することができるようにする。

○　現在及び将来にわたってよりよく生きるために，自分に合った目標を立て，自己のよさを生かし，他者と協働して目標の達成を目指しながら主体的に行動しようとする態度を養う。

2　第5学年及び第6学年の評価規準

よりよい生活を築くための知識・技能	集団や社会の形成者としての思考・判断・表現	主体的に生活や人間関係をよりよくしようとする態度
希望や目標をもつこと，働くことや学ぶことの意義を理解し，自己のよさを生かしながら将来への見通しをもち，自己実現を図るために必要な知識や行動の仕方を身に付けている。	希望や目標をもつこと，働くことや学ぶことについて，よりよく生きるための課題を認識し，解決方法などについて話し合い，自分に合った解決方法を意思決定して実践している。	現在及び将来にわたってよりよく生きるために，見通しをもったり振り返ったりしながら，自己のよさを生かし，他者と協働して，自己実現に向けて自主的に行動しようとしている。

3　指導と評価の計画

　学級活動「(3)一人一人のキャリア形成と自己実現」は，児童が，将来に向けた自己実現を目指してよりよく生活するための課題に気付き，解決方法などについて話し合い，自分に合った解決方法を意思決定して実践していくことができるようにすることが大切である。

　次は，第5学年　学級活動(3)「6年生に向けて」（ア現在や将来に希望や目標をもって生きる意欲や態度の形成）の例である。

```
　　　　　　　　　　　　　第5学年○組　学級活動（3）指導案
　　　　　　　　　　　　　　　　　　　　　　　　　　　　○年1月○日（○）第○校時
　　　　　　　　　　　　　　　　　　　　　　　　　　　　指導者　　教諭　○○　○○

1　題材　「6年生に向けて」
　　　　　学級活動(3)　ア　現在や将来に希望や目標をもって生きる意欲や態度の形成

2　題材について
（1）児童の実態（略）
　　　・児童の学級生活における実態　・これまでの学級活動の取組
　　　・高学年の評価規準からみた実態と目指す方向
（2）題材設定の理由（略）
　　　・題材設定理由
```

・本題材における指導の工夫と評価との関わり

3　第５学年及び第６学年の評価規準　　（略）

4　事前の指導

児童の活動	指導上の留意点	◎目指す児童の姿【観点】〈評価方法〉
５年生のこれまでを振り返ったり，６年生へ向けた期待感を想起したりするアンケートに記入する。	・「６年生に向けて」のアンケートを用意し，５年生の生活を振り返った上で，６年生に向けての期待感を想起できるようにする。 ・「キャリア・パスポート」等を活用し，これまでの自分の成長に気付けるようにする。	◎アンケートに答えることで，５年生の生活を振り返ったり，６年生に向けての期待感を抱いたりして，学習への見通しをもとうとしている。 【主体的態度】〈アンケート〉

5　本時のねらい

　　最高学年になっていくための見通しをもち，そのために必要なことについて話し合い，自分に合っためあてを立てて実践できるようにする。

6　本時の展開

		児童の活動	指導上の留意点	資料	◎目指す児童の姿【観点】〈評価方法〉
導入	つかむ（5）	1　アンケート結果から，６年生になるに当たっての自分たちの思いについて話し合う。	・アンケート結果をもとにして，６年生に向けて期待感を抱いていることに気付けるようにする。 ・「キャリア・パスポート」をもとに自分たちの成長を想起できるようにする。	・アンケート結果の表 ・「キャリア・パスポート」	

なりたい６年生に向けて，自分が実践することを決めよう

		児童の活動	指導上の留意点	資料	◎目指す児童の姿【観点】〈評価方法〉
展開	さぐる（10）	2　６年生になったら，どんなことをがんばっていきたいのかについて話し合う。 ・委員会活動 ・クラブ活動 ・運動会 ・歴史の学習 ・更に成長したい ・友達を増やす ・１年生のお手伝い	・６年生が活躍していた場面などの写真を活用し，最高学年として自覚と責任をもって行動する場面が増えることに気付けるようにする。	・６年生が活動する様子の写真	
	見つける（20）	3　６年生からのメッセージ映像を見る。 メッセージ映像を見る児童の様子	・６年生からのメッセージ映像を用意し，「６年生としての心構え」や「自分たちが努力してきたこと」，「励ましのメッセージ」などについて語ってもらうことで，５年生が６年生へと成長していくために必要なことに気付くことができるようにする。	・６年生からのメッセージ映像	

児童の活動	指導上の留意点		◎目指す児童の姿
4　どんな6年生になりたいか、そのためにどんなことが必要かを話し合う。	・学習カードを用意し、一人一人が考えた上で話し合うことができるようにする。  話合いをする児童の様子	・学習カード	◎なりたい6年生の姿を明確にし、そのために必要なことについて考え、前向きに話し合っている。
終末 決める (10) 5　これから6年生になるまでに自分が実践することを決め、伝え合う。 めあてを書く児童の様子	・ここまでの話合いで出された意見などを生かして、自分に合っためあてを学習カードに記入するよう伝える。	・学習カード	◎話し合ったことを生かして、自分が実践することを意思決定している。 【思考・判断・表現】 〈観察・学習カード〉

上部ふきだし：必要に応じてグループで付箋などを使って考えを出し合った上で、全体で話し合うなどの方法も考えられる。

7　事後の指導

児童の活動	指導上の留意点	◎目指す児童の姿 【観点】〈評価方法〉
意思決定しためあてを意識して実践する。	・一人一人のめあてを掲示するなどして、実践への意欲付けとなるようにする。	◎意思決定したことを実践している。 【思考・判断・表現】 〈観察〉
実践について振り返る。 （年度末までの各月末の帰りの会など）	・振り返りを行う機会を設定し、継続した実践になるようにしたり、必要に応じて新たにめあてを立てて取り組んだりできるようにする。	◎実践を振り返り、現在及び将来に向けての学校生活や日常生活に生かそうとしている。 【主体的態度】〈学習カード〉

8　板書計画

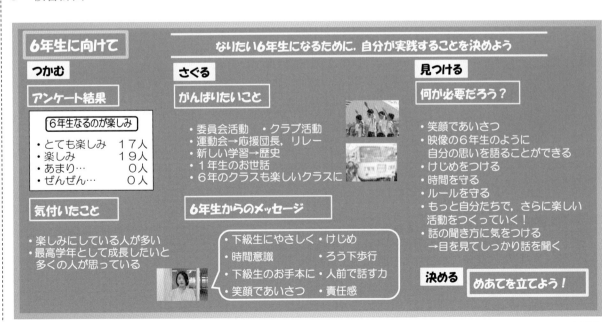

4　評価方法の工夫例

（1）実際の児童の活動の様子から評価した例

　ここでは，本実践における実際の児童の姿から評価し，十分満足できる活動の状況と考えられる例を示す。

①　本時の展開における評価例

| 見つける | どんな6年生になりたいか，そのためにどんなことが必要か話し合う。 |

なりたい6年生像について話し合う様子

ぼくは，あたり前のことを，あたり前にできる6年生になれたらいいと思います。例えば，今年の6年生は，昇降口の掃除をいつもきれいにやっていました。あたり前と言えば，あたり前ですが，それが結構難しいと思います。だからこそ，あたり前を大切にしていくことが必要だと思います。

【思考・判断・表現】
　なりたい自分の姿を，今年の6年生の姿から明確にし，自分たちに必要なことを考えて話し合い，意思決定につなげていたことから，十分満足できる活動の状況であると考えられる。

| 決める | これから6年生になるまでに自分が実践することを決め，伝え合う。 |

自分のめあてを書く児童

ぼくは，今がんばっている「発言すること」を続けることが大事だと思います。そうやって身に付けたことは，将来にもつながるし，そうやって成長していくことが大事だと思うからです。

【思考・判断・表現】
　今の努力が将来につながることを記述した上で，自分の行動目標を意思決定し，事後においても意識して行動していたことから，十分満足できる活動の状況であると考えられる。

自分のめあてを発表する児童

ぼくのめあては，「誰にでもやさしい声かけをする」です。メッセージで6年生が言っていたように，6年生になったら，1年生のお世話などで，やさしい声かけをしていくから，今のうちから誰に対してもやさしい言葉をかけられる人になりたいと思います。

【思考・判断・表現】
　6年生からの「やさしい声かけが大切」というメッセージから考えたことをもとに，自分のめあてを立て，事後において意欲的に実践していたことから，十分満足できる活動の状況であると考えられる。

②　事後の活動における評価例

| 実行する | 意思決定しためあてを意識して実践する。 |

意思決定しためあてを実践している様子

転んでしまったのね。痛かったね。大丈夫だよ。一緒に保健室に行こうね。

【思考・判断・表現】
　この児童は，下級生との関わりを増やすことをめあてにしていたが，休み時間に転んでしまった1年生に自分から話しかけ，保健室へ連れて行くとともに，1年の担任に報告にも行っていたことから，十分満足できる活動の状況であると考えられる。

| 振り返る | 実践について振り返る。 |

振り返りを発表する児童

ぼくのめあては，「楽しい学校生活にしていくために，友達と協力して進んで行動する」でした。係活動や集会活動でも自分たちで協力して，自分から動けたと思います。こうした経験を，6年生になっても生かして成長していきたいです。

【主体的態度】
　自己の実践を振り返り，自身でもめあてを実践できたことを実感しており，その経験を6年生になった際にも生かして成長していこうとしていることから，十分満足できる活動の状況であると考えられる。

第3編
事例3

（２）学習カードを活用した評価例

次のような学習カードを活用して評価の参考にすることも考えられる。

〈資料①　「６年生に向けて」学習カード〉

この学習カードを「キャリア・パスポート」とすることも考えられる。

知識・技能の評価をする場合は，「自分たちに必要なこと」の記述から，よりよい自分へ向けて努力していく意義の理解等を見取ることも考えられる。

【思考・判断・表現】
「自分から進んであいさつをする」と，具体的な行動目標を意思決定することができていると考えられる。また，下級生と積極的に関わるための方法として笑顔であいさつをすることが大切であると考えていることから，十分満足できる活動の状況であると考えられる。

【思考・判断・表現】
学級活動(3)のアにおいては，実践期間が比較的長くなることも考えられる。そこで，月ごとに振り返りの場面を設定し，簡単に記述することも効果的である。この児童は，３月の段階で，あいさつの喜びも感じ取っていることから，十分満足できる活動の状況であると考えられる。

【主体的態度】
「実践を振り返って」で，自分が１年生だったときの思いを想起しながら，こういう人になりたいという思いを抱き，自分のめあてを実践しようとしていることから，十分満足できる活動の状況であると考えられる。

特別活動の評価は，「指導に生かす評価」が大切である。そこで，担任のコメント欄を設けるなど，児童のよさを認め，伸ばすようにすると効果的である。
また，家庭からのコメント欄を設けて，家庭の理解や協力を得て，児童の励みになるようにすることも考えられる。

（3）事前のアンケートを活用して【主体的に生活や人間関係をよりよくしようとする態度】の評価を行う場合の例

　【主体的に生活や人間関係をよりよくしようとする態度】の評価においては，見通しをもって学習や実践に取り組むとともに，振り返りを通して次へ生かそうとしているかどうかを評価することが考えられる。

　アンケートを評価に活用する場合は，アンケートに記述欄を設けるなどして，本題材に照らして自分の生活を振り返り，改善へ向けての見通しをもっているかを見取ることが考えられる。その際，アンケートのみで評価をするのではなく，実践の様子や，実践後の振り返りと合わせて総合的に評価することも大切である。

〈資料②　「6年生に向けて」アンケート〉

学級活動（3）「6年生に向けて」アンケート

5年　　組　　番 名前

3ヶ月後には、6年生になりますね。そこで、次のアンケートに答えてください。

1. 6年生になるのは楽しみですか。

　　ア．すごく楽しみ
　　イ．楽しみ
　　ウ．あまり楽しみではない
　　エ．楽しみではない　　　　　　　　　ア

2. 1で、答えた理由を教えてください。

> 6年生は、最高学年として、大変なこともあると思うけど、1年生のお世話をしたり、委員会活動で5年生をサポートする立場になるので、自分も、お世話になった6年生のようになりたいと思うからです。

3. 今年の6年生で「すごいな」と感じたことはありますか。

　　ア．ある
　　イ．ない　　　　　　　　　　　　　　ア

4. 3で、「ある」と答えたのは、どんなことですか。

> 応援団長の〇〇さんがすごいなって思いました。好でも、応援団長になって自組をリードして大きな声で応援していて、応援賞をとったときになみだを流しながら、笑顔だったのがとてもかっこよかったです。

5. 6年生になったらがんばりたいと思うことは、何ですか。自由に書いてください。

> 団長になるのはむずかしいとは思うけど、私も応援団になって、自分の組をリードして運動会をもり上げたいと思っています。今年の6年生みたいにそれに負けないくらいの運動会を私たちもつくっていきたいと思います。

【主体的態度】
　この児童は6年生になるに当たっての期待感を抱いているとともに，今年の6年生のように運動会でリーダーシップを発揮し，よりよい運動会をつくっていきたいと，今後の学校生活に向けて意欲をもって取り組もうとする姿勢が見られることから，十分満足できる活動の状況であると考えられる。

（4）年間を通じて蓄積した評価結果を総括する工夫例

次の資料は，一人一人の活動の状況を適切に見取り，児童指導要録の評価に学校として一貫性をもたせるために，学級活動の内容ごとに作成した補助簿の例である。ここでは，学級活動(3)の補助簿の例を示す。

観点によって，例えば，思考・判断・表現は，毎回見取り，主体的態度は，年間の児童の変容を踏まえて，年度末にまとめて評価するなど弾力的に評価することも考えられる。

どのような姿を見取るのかを補助簿に具体的に示しておくことも考えられる。

〈資料③　学級活動(3)における評価補助簿の例〉

学級活動(3) 児童 見とりシート　5年1組

番号	氏名	観点：よりよい生活を築くための知識・技能（生きること・働くこと・学ぶことの意義に気付いている。）	観点：集団や社会の形成者としての思考・判断・表現（話合いを生かして，自分に合った具体的な行動目標を書いて実践している。）	観点：主体的に生活や人間関係をよりよくしようとする態度（見通しをもったり，振り返ったりして，行動しようとしている。）	メモ欄　ア 現在や将来に希望や目標をもって生きる意欲や態度の形成　イ 社会参画意識の醸成と働くことの意義の理解　ウ 主体的な学習態度の形成と学校図書館等の活用	(3)の総括
1	A	○	○	○	7/10 イ掃除当番の取組がよくなった	○
2	B		○		4/12 ア学級会の議題を視点にしためあて	
3	C		○	○	9/25 ウめあてを意識して掃除している	
4	D				※めあての書き方を指導	
5	E	○	○		4/12 ア係活動の充実を視点にめあて	
6	F				1/9 ア声を掛けなくてもめあてを書けた	
7	G	○	○	○	5/7 ア運動会の係で役割を意識し行動	○
8	H	○	○	○	1/9 ア最高学年になる自覚ある行動	○
9	I		○		5/7 ア5月めあての意味を理解して書けた	
39	Z		○ ○	○	9/25 ウ夢と結び付けてめあてを立てた	○

毎回，全ての観点について全員を見取ることは困難であることから，本題材で見取る児童を予め決めておくことも考えられる。

複数の題材で十分満足できる活動の状況が見られた場合，○を複数付けることも考えられる。

総括して○を付ける際には，例えば「観点別の○の数が3個以上で付ける」などといった，校内で統一した考え方を予め設定しておくことも考えられる。

第3編
事例3

学級活動の(1)(2)(3)の評価を総括して児童指導要録に○を付ける工夫例

　児童指導要録には，学級活動(1)(2)(3)のそれぞれの実践をもとにした評価を総合的に判断して，学級活動として十分に満足できる活動の状況であると判断できる児童に○を付けることになる。ここでは，学級活動(1)及び(2)(3)で使用した補助簿をもとに学級活動全体を総括して評価し，児童指導要録に○を付ける方法の例を示す。

学級活動（1）補助簿

	名前	知・技 いま・ると話・め合い方を・の理進解方して	思・判・表 りたし・りた意・しり見・ての・創よ発意さを工夫したし	主体的態度 るり協自・組働分決・もしの定・う役割した・と意欲をことや・て的友達と取	メ　モ	総括
1	A	○	○	○○	7/16 集会の準備を休み時間に一生懸命行い，全員分のメダルを作っていた。	○
2	B	○	○	○	9/17 学級会では，みんなが納得するアイデアを改善策として発表していた。	○
3	C					
4	D			○		
5	E	○○	○○○	○○	6/15 準備をしたりクイズを考えたりと主体的に活動し，みんなを楽しませた。9/17 司会を務め，出された意見を生かして合意形成を図ろうとしていた。	○

学級活動（2）（3）補助簿

		知・技	思・判・表	主体的態度	メ　モ	総括
1	A	○	○	○	7/15 自分に合っためあてを立てている。	○
2	B			○	4/11　4年生の生活を見通した目標を設定していた。	
3	C		○○	○	5/13 具体的なめあてを設定し，進んで挨拶をしていた 9/11 ゲームをする時間について具体的な行動目標を設定していた。	○
4	D	○			11/13　家庭学習ノートの使い方が向上した。	
5	E		○		12/21 インフルエンザの予防方法を理解し手洗いを心がけている。	

児童指導要録に○を付ける例

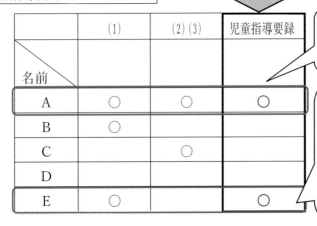

名前	(1)	(2)(3)	児童指導要録
A	○	○	○
B	○		
C		○	
D			
E	○		○

　A児のように，学級活動(1)及び(2)(3)のどちらも○となった場合，児童指導要録に○を付ける。

　E児のように，学級活動(2)(3)の補助簿において総括に○を付けていない場合でも，学級活動(1)の活動において，多くの場面で創意を生かして話し合ったり，友達と協働し，意欲的に取り組んだりしていたことから，児童指導要録に○を付けることも考えられる。

特別活動　　事例4
キーワード　児童会活動の指導と評価の計画から評価の総括まで

委員会名	内容のまとまり
保健委員会	児童会活動

1　児童会活動で育成を目指す資質・能力

○　児童会やその中に置かれる委員会などの異年齢により構成される自治的組織における活動の意義について理解するとともに，その活動のために必要なことを理解したり行動の仕方を身に付けたりするようにする。

○　児童会において，学校生活の充実と向上を図るための課題を見いだし，解決するために話し合い，合意形成を図ったり，意思決定したり，人間関係をよりよく形成したりすることができるようにする。

○　自治的な集団活動を通して身に付けたことを生かして，多様な他者と互いのよさを生かして協働し，よりよい学校生活をつくろうとする態度を養う。

2　児童会活動の評価規準

よりよい生活を 築くための知識・技能	集団や社会の形成者としての 思考・判断・表現	主体的に生活や人間関係を よりよくしようとする態度
楽しく豊かな学校生活をつくる児童会活動の意義について理解するとともに，活動の計画や運営の方法，異年齢集団による交流の仕方などを身に付けている。	児童会の一員として，学校生活の充実と向上を図るための課題を見いだし，解決するために話し合い，合意形成を図ったり，意思決定をしたり，人間関係をよりよく形成したりして主体的に実践している。	楽しく豊かな学校生活をつくるために，多様な他者と互いのよさを生かして協働し，児童会の活動に積極的に取り組もうとしている。

3　指導と評価の計画

　児童会活動は，学校全体の生活を共に楽しく豊かにするために学校の全児童をもって組織する異年齢集団の児童会による自発的，自治的活動である。教師の適切な指導の下に，児童の発意・発想に基づき，創意工夫を生かして活動計画を作成し，自主的，実践的な活動が展開できるようにすることが大切である。

　児童会活動の指導と評価の年間計画は，児童が作成する活動計画の基となる計画として立案するものである。具体的には，学習指導要領に示された児童会活動の目標に基づいて，各学校で育成を目指す資質・能力を明確にし，評価規準を設定するとともに，予想される主な活動内容に即して，指導上の留意点や各種委員会活動における目指す児童の姿を明確にしておくことが考えられる。

　次の例は，保健委員会の年間指導計画例である。

第3編
事例4

1　保健委員会の年間指導計画例

	日常活動	創意工夫を生かした活動	指導上の留意点
一学期	○保健委員会の計画や運営 ・活動計画 ・役割分担	○歯みがきの励行（放送・集会） ○歯みがきカレンダーの作成	・保健委員会のねらいに基づき，児童が話し合って活動計画を立てることができるようにする。 ・保健委員会の日常の活動内容について話し合い，協力して取り組むことができるようにする。 ・計画や運営の仕方を理解して，自分たちで進行できるようにすることにより，児童が主体的に保健委員会の活動に参画できるようにする。
二学期	○日常の活動内容 ・石鹸の詰め替え ・トイレットペーパーの補充　等	○手洗い・うがい標語・ポスターの募集等 ○健康かるたの作成 ○インフルエンザ予防集会	・健康に関わる学校生活の課題（例：風邪の予防・むし歯予防・けがの未然防止など）を改善するために，どんな取組が必要か，児童の発意・発想を生かして話し合うことができるようにする。 ・一部の児童に役割が偏らず，全員で協力して分担できるようにする。

	活動の流れ	◎目指す児童の姿【観点】〈評価方法〉
準備	○話合い（活動計画の作成） 　・活動のめあて・集会の内容 　・役割分担 ○決定内容の連絡 ○集会の準備，練習	◎インフルエンザの予防の大切さが伝わる工夫について話し合い，意見をまとめている。 　　　　　　　　【思考・判断・表現】〈観察〉
児童会集会活動	インフルエンザ予防集会 1　はじめの言葉 2　保健委員のあいさつ 3　咳エチケット・手洗いの劇 4　インフルエンザ予防クイズ 5　終わりの言葉	◎協力して劇やクイズに取り組もうとしている。 　　　　　　　　【主体的態度】〈観察〉 **協力してクイズに取り組む児童**
振り返り	○活動の成果や課題の確認 　・がんばったこと 　・友達のよさやがんばり 　・次への課題	◎集会活動における自分の役割や参加の仕方などを振り返り，成果や課題を次回の活動に生かそうとしている。 　　　　　　　【主体的態度】〈集会活動がんばりカード〉

	○1年間の振り返りをする	・活動を振り返り，自己評価・相互評価したことを次の活動に生かせるように助言する。 ・児童の活動のよさやがんばりを称賛し，次の活動の意欲付けをする。

2　児童が作成する児童会活動の年間活動計画例（保健委員会の例）

（*保健*　）委員会年間活動計画	担当の先生	活動場所
	△△　△△	*5-1 教室・保健室*
委員長	副委員長	記録
6-2 ○○○	*6-1○○○・5-2□□□*	*5-1○○○○・4-2○○○○*
委員会の目標	全校のみんなが健康で元気に過ごせるような活動にする。	

常時活動	*石けんのつめかえ*	
	トイレットペーパーのほじゅう	

月	主な活動	準備するもの
4 月	・*保健委員会の年間活動計画の作成* ・*4月の活動についての話合い* ・*常時活動の確認* ・*役割分担*	*昨年度の活動計画* *委員会活動ノート* *役割分担表*
5 月	・*5月の活動についての話合い* ・*4月の活動の振り返り* ・*常時活動の確認* ・*むし歯予防キャンペーンについての話合い*	*関係する本* *委員会活動ノート*

〈留意事項〉
○教師は，児童自身が委員会の活動を行うために，創意工夫をしたり，協力して役割分担したりするなど、進んで参画できるような指導に努める。
○委員会活動の内容は，児童会活動の目標を達成するためにふさわしいものとなるように指導するとともに，児童の負担過重にならないよう配慮する。
○児童の手で実践できない活動など，児童の自治的な活動として任せることのできない条件を明確にして指導に当たる必要がある。

第3編
事例4

4　評価方法の工夫

（1）実際の児童の姿からの評価例

「私は，歯みがきを全校児童にもっとわかってもらうためには歯みがきの劇をやってみたらいいと思います。」
「それだと歯みがきの仕方をわからない人もいると思うので各学級を回って歯みがきの仕方の説明をしたほうがいいと思います。」

話合いをしている様子

【思考・判断・表現】
みんなの生活のことを考え，歯磨きの大切さを伝えるための方法を話し合い，合意形成を図ろうとする様子から，十分満足できる活動の状況であると考えられる。

石けん補充や掃除をしている児童

【思考・判断・表現】
みんなの生活のことを考え，自分の役割について意思決定し，活動を継続している様子から，十分満足できる活動の状況であると考えられる。

（2）児童の委員会活動カードを参考にして評価する例

　委員会活動における常時活動においては，担当教師の目の届かない場面での活動も考えられる。そこで，次のような児童が記入するカード〈資料①・②〉などを活用することも考えられる。

〈資料①　児童の委員会活動カード及び学級担任に評価結果を伝える資料〉

（自己評価）
　委員会活動について自己評価をすることで，児童自身の自己評価の力を高める。

【主体的態度】
　自他の取組や実践を振り返り，工夫して活動に取り組んだり，役割や責任を果たして取り組んだりしている様子から，十分満足できる活動の状況であると考えられる。

月ごとだけでなく，学期ごとに振り返ることも考えられる。

【思考・判断・表現】
　歯みがきに楽しく取り組んでもらうための活動を考えている様子から，十分満足できる活動の状況であると考えられる。

(保　健)委員会	6年1組　名前（○○　○○）				担当の先生（○○　○○）	
委員会の目標	全校のみんなが健康で元気に過ごせるような活動をする					
自分のめあて	委員長としてみんなをリードできるように一生懸命にがんばる。					
月＼活動内容	進んで活動する	協力して活動する	工夫して活動する	振り返り・よかったこと・次へ向けてがんばりたいこと		担当印
4月　○保健委員会の計画や運営・活動計画・役割分担	◎	◎	○	1年間の見通しをもてたことがよかった。大変そうなこともあるけど，がんばって活動したい。		㊥
5月　○歯みがきの正しいやり方を全校に伝えるための計画	◎	◎	◎	給食のあとに歯みがきを楽しくできるような活動を考えた。うまくできるといいなあ。		㊥

1年間を振り返って	担当の先生から
学校のみんなが健康にすごすことができるように，いろいろなことを考えて，工夫した活動することができました。3学期はインフルエンザの人が多かったので，手洗いやうがいを特にしっかりやってもらえるように声かけをよくした。声をかけたら「ありがとう」って言ってもらえるのがうれしかった。保健委員会に入ってよかったです。	積極的に委員会のみんなに声をかけながら活動できました。毎週，忘れずに石けん補充をしていました。委員長として，責任をもって取り組む姿勢は，大変立派でした。

　学級担任は委員会の担当教師の評価を確認後，活動カードから切り離し，活動カードのみを児童に返却する。

- - - - - - - - 切り取り線 - - - - - - - -

6年1組	名前	○○　○○	
(　保　健　)委員会		月に一度の話合いでは，全校児童の健康に関する提案を進んで発表していた。石けんの補充を忘れることなく，ていねいに取り組んでいた。	○

　○を付けた根拠を簡潔に記入し，学級担任に伝えることができるようにする。

（3）振り返りカードで評価する例

　各種委員会活動においては，常時活動だけではなく，児童の発意・発想を生かした活動を展開することが大切である。その際，創意工夫された様々な活動の中から重点化を図り，資料②のような振り返りカードを活用して評価する工夫も考えられる。

〈資料②　児童集会活動　振り返りカード〉

【主体的態度】
　インフルエンザ予防集会の取組を振り返るとともに，今後の活動に向けての意欲が書かれていることから，十分満足できる活動の状況であると考えられる。

(インフルエンザ予防集会)　　　がんばりカード		○月○日
6年　1組	名前　　○○　○○	
自分のめあて	クイズ担当として分かりやすく楽しくインフルエンザ予防のコツを伝えられるようにがんばる。	
振り返り【・協力したこと・努力したこと・友達のがんばりやよさ・今後に向けて】		
インフルエンザ予防クイズを聞き取りやすいようにゆっくり発表しました。1年生もジャンプしながら喜んでくれたので，とてもうれしかったです。インフルエンザがはやらないようにこれからも手洗いを呼びかけたいです。		

（4）教師の補助簿で評価する例

　次の資料③は，委員会活動の児童の活動状況を見取るための補助簿例である。これは，学校における児童会活動の評価体制が確立されていることが前提であり，担当教師間で協力して取り組むことが大切である。

　各種委員会の担当教師が，年度末に「十分満足できる活動の状況」について評価し担任に伝える。担任は，委員会活動，児童集会，代表委員会等の評価を総括し指導要録に記載することが考えられる。また，委員会活動における様子を必要に応じてメモ欄に記載しておくことで，指導要録の総合所見欄に転記することも考えられる。

〈資料③　委員会担当が評価する際に使用する補助簿〉

	クラス	名前	知・技 学校生活の充実・向上に向けて、計画的に取り組もうとしている。	思・判・表 学校生活の充実・向上に向け話し合い、実践している。	主体的 学校生活の充実・向上に向けて、計画的に取り組もうとしている。	委員会	メモ 委員会活動における特記事項を記入する。	総括
1	5-1	A	○○			保健	2/13 インフルエンザ予防集会では、中心となってクイズの問題を作成していた。	
2	5-1	B	○	○	○	保健	6/4 むし歯予防のポイントをお昼の放送において分かりやすく伝えた。	○
3	5-1	C			○	保健	12/15 毎週欠かさずに石鹸の補充をしていた。	

> ○の数がいくつで「十分満足できる活動の状況」とするなど，校内で統一した考え方を明確にして年間の評価の欄に○印を付ける。この○印を総括的な児童会活動の評価とする。

（5）児童会集会活動について補助簿を活用し評価する例

　委員会の活動をしていない学年の場合，児童会活動の評価は全校児童集会の参加の状況から担任が観察・記録して評価することが考えられる。資料④は，2年生の補助簿例である。

〈資料④　2年生における児童会集会活動を評価する際に使用する補助簿〉

【知・技】児童会活動の意義や自分の役割について理解している。
【思・判・表】児童会活動における自分の役割などについて考え，学年や学級が異なる児童と仲よく助け合って実践している。
【主体的態度】児童会活動に見通しをもったり振り返ったりしながら取り組もうとしている。

		1年生を迎える会			なかよし集会			6年生を送る会			メモ	総括
		知・技	思判表	主体的	知・技	思判表	主体的	知・技	思判表	主体的		
1	A	○		○	○			○	○		4/14 1年生を迎える会では、前列でダンスをしたり、メッセージを言ったりして活躍した。	
2	B								○		2/27 6年生を送る会では，協力してプレゼントづくりに取り組んだ。	
3	C	○		○	○		○	○	○		9/17 なかよし集会では、かざり係として休み時間を使って作成し、意欲的に活動できた。	○

> どのような姿を見取るのかを補助簿に具体的に示しておくことも考えられる。

> 各児童会集会の活動の状況に対して○印を付ける。○印の数がいくつで「十分満足できる活動の状況」とするなど，校内で統一した考え方を明確にして年間の評価の欄に○印を付ける。この○印を総括的な児童会活動の評価とする。また，必要に応じて，活動の状況の所見をメモしておくとよい。

クラブ名	内容のまとまり
ダンスクラブ	クラブ活動

1　クラブ活動で育成を目指す資質・能力

○　同好の仲間で行う集団活動を通して興味・関心を追求することのよさや意義について理解するとともに，活動に必要なことを理解し活動の仕方を身に付けるようにする。

○　共通の興味・関心を追求する活動を楽しく豊かにするための課題を見いだし，解決するために話し合い，合意形成を図ったり，意思決定したり，人間関係をよりよく形成したりすることができるようにする。

○　クラブ活動を通して身に付けたことを生かして，協力して目標を達成しようとしたり，現在や将来の生活に自分のよさや可能性を生かそうとしたりする態度を養う。

2　クラブ活動の評価規準

よりよい生活を築くための知識・技能	集団や社会の形成者としての思考・判断・表現	主体的に生活や人間関係をよりよくしようとする態度
同好の仲間で行う集団活動を通して興味・関心を追求することのよさや意義について理解するとともに，活動を計画する方法や創意工夫を生かした活動の進め方などを身に付けている。	クラブの一員として，よりよいクラブ活動にするために，諸問題を見いだしたり，解決するために話し合い，合意形成を図ったり，意思決定したり，人間関係をよりよく形成したりしながら実践している。	共通の興味関心を追求するために，他者と協働し，自分のよさを生かしてクラブの活動に積極的に取り組んでいる。

3　指導と評価の計画

　クラブ活動は，主として第4学年以上の児童で組織される学年や学級が異なる同好の児童の集団によって行われる活動である。

　教師が作成した指導計画に基づき，各クラブの児童が自分たちの共通の興味・関心を追求するための内容や方法などについて話し合い，年間や学期，月ごとなどに具体的な活動計画を立てたり，役割を分担しクラブの一員としての役割を果たして協力して実践したりできるように指導する必要がある。

　クラブ活動の指導と評価の年間計画は，児童が作成する活動計画の基となる計画として立案するものである。具体的には，学習指導要領に示されたクラブ活動の目標に基づいて，育成を目指す資質・能力を明確にして，評価規準を設定するとともに，予想される主な活動内容に即して，指導上の留意点や各種クラブ活動における目指す児童の姿を明確にしておくことが考えられる。

　次の例は，ダンスクラブの年間指導計画例である。

1　ダンスクラブの年間指導計画例

	予想される主な活動	指導上の留意点
一学期	○クラブの計画や運営 ・年間活動計画，組織づくり ・異年齢を基本にしたグループ編成 ○クラブを楽しむ活動	○楽しい雰囲気の中で，同好の集団としての意識を高め，クラブへの意欲を高めるようにする。 ○リーダーシップやフォロワーシップを意識させ，異年齢集団による自発的，自治的な活動が効果的に展開できるようにする。 ○一人一人の思いや願いを大切にし，全員が意欲的に取り組める活動を考えられるようにする。

（ダンスクラブ「クラブを楽しむ活動」の例）　　　　　　　　　　【活動場所：体育館】

	活動の流れ	◎目指す児童の姿【観点】〈評価方法〉
計画	・練習計画の確認をする。 ・振り付けを検討する。	◎見通しをもって活動の進行や準備について，他者と協働して取り組もうとしている。 　　　　　【主体的態度】〈観察・クラブ活動カード〉
練習	・はじめのあいさつ，出席確認 ・グループ別練習 ・全体練習	◎めあてに向かって，楽しみながら異年齢で活動している。 　　　　　【思考・判断・表現】〈観察・クラブ活動カード〉
振り返り	・活動を振り返る。 ・次の活動の計画を立てる。 ・先生の話を聞く。 ・片付け，終わりのあいさつをする。	◎ダンスクラブのねらいや活動内容を理解している。 　　　　　【知識・技能】〈観察・クラブ活動カード〉

	予想される主な活動	指導上の留意点
二学期	○クラブの成果の発表	○一人一人の思いや願いを大切にし，全員が意欲的に発表を行えるようにする。

（クラブ発表会の例）　　　　　　　　　　【活動場所　体育館】

	活動の流れ	◎目指す児童の姿【観点】〈評価方法〉
計画	・発表会の内容，役割分担の確認をする。 ・リハーサル（休み時間等）	
発表会	・クラブ長がクラブ活動内容を紹介する。 ・グループリーダーからダンスの見て欲しいところを紹介する。 ・ダンス発表	◎クラブ発表会への見通しをもって準備や発表に取り組もうとしている。 　　　　　【主体的態度】〈観察・クラブ活動カード〉 ◎参加者が楽しめるような発表内容を考えている。 　　　　　【思考・判断・表現】〈観察・クラブ活動カード〉 ◎計画に基づいた発表会の進め方等を身に付けている。 　　　　　【知識・技能】〈観察・クラブ活動カード〉
振り返り	・クラブ発表会を振り返り，クラブ活動カードに記入する。 ・次年度に向け，成果と課題を話し合う。	

	予想される主な活動	指導上の留意点
三学期	○クラブ見学	○来年度のクラブ活動への見通しをもって取り組むよう事前に声掛けをする。

2　児童が作成するクラブ活動の年間活動計画例（ダンスクラブの例）

（ ダンス ）クラブ 年間活動計画	担当の先生		活動場所		人数	25人
	△△　先生		体育館			
部長	副部長			記録		
6-1 〇〇〇	6-2〇〇〇・5-1□□□			5-2〇〇〇〇・4-1〇〇〇〇		
クラブのめあて	みんなで楽しく踊れるように協力して活動する。					

回	日付	主な活動内容	準備する物	役割分担など
1	4/25	1年間の計画・組織づくり	・クラブ活動ノート ・計画表 ・前年度の計画表	司会：部長 　　　副部長
2	5/11	ダンスの曲や振り付けについての話合い	・クラブ活動ノート ・パソコン　・CD ・ラジカセ	司会：部長 　　　副部長
3	5/25	グループ別練習	・クラブ活動ノート ・タブレット・CD ・ラジカセ	司会：A グループ

〈留意事項〉

○　教師は，児童自身がクラブ活動を楽しむために，創意工夫をしたり，協力して役割分担したりするなど，楽しいクラブづくりに進んで参画できるような組織的な指導に努める。

○　クラブ活動の内容は，クラブ活動の目標を達成するためにふさわしいものとなるように指導するとともに，児童の負担過重にならないよう配慮する。

○　物品の購入や施設の利用の変更など児童の自治的な活動として任せることのできない条件を明確にして指導に当たる必要がある。

4　評価方法の工夫例

（1）児童の活動記録を参考にして評価する例

　クラブ活動ノート（資料①）を作成し，児童が毎時間の振り返りを記録しておく。各クラブの担当は，年度末に「十分満足できる活動の状況」であったかどうかを評価し，学級担任に伝える。その評価を基に学級担任が児童指導要録記載の参考にすることも考えられる。

クラブ活動ノートを書く様子

〈資料① 児童の活動記録及び学級担任に評価結果を伝える資料〉

（ ダンス ）クラブ活動ノート 　5年1組　名前（ □□　□□ ）

担当の先生	△△ △△	活動場所	体育館

クラブのめあて みんなが楽しく踊れるように協力して活動する。

私のめあて 友達と教え合って、早くふりを覚えて楽しくおどる。

回	日付	活動内容	クラブのめあて（○○△）	私のめあて（○○△）	振り返り
1	4/25	1年間の計画・組織づくり	○	○	1年間の計画が立てられた。曲も決まったので、次のクラブまでに、ふりを考えたい。
2	5/11	ダンスの曲・振り付けについての話合い	◎	○	1曲目のふりが決まった。少し変わったけど、みんなで考えたから納得した。
3	5/25	グループ練習	△	○	最初だったので、あまりうまくいかなかった。発表に間に合うか心配です。
17	2/14	クラブ発表会の準備・リハーサル	○	○	いよいよ来週はクラブの発表会。完璧ではないけど、自信はある。うまくいくといいな。
18	2/21	クラブ発表会（ダンスの成果発表）	◎	◎	きん張したけど、うまくおどることができた。みんなでつくりあげたので、やってよかった。
19	2/28	クラブ見学発表会の振り返り	◎	◎	見学にきた3年生に、少しダンスを見てもらった。たくさん入ってくれるといいな。
20	3/5	1年間のまとめ	◎	◎	自分たちで曲やふりも決めたから、難しかったけど楽しかった。

〈1年間をふり返って〉

あっという間の1年間だった。正直、時間がないなと思ったけど、発表会前は休み時間を利用して、4年生や6年生とも協力して、みんなで1つになって練習できたことがすごくうれしかった。他の学年の人と協力するって大切だって、あらためて感じた。また、私たちのダンスで、全校のみんながよろこんでくれてうれしかった。また来年も入って活動したい。

〈担当の先生から〉

グループのリーダーとして、積極的にみんなと声をかけ合いながら活動できましたね。特に4年生に声をかけて活動したり、話合いでたくさんのアイデアを出したりして、すばらしかったです。6年生になっても、この経験を生かして、がんばってください。応援しています。

―――――― 切り取り線 ――――――

5年1組 名前（ ○○　○○ ）	（ ダンス ）クラブ	役割等 学年リーダー	○

【思考・判断・表現】
みんなで振り付けを話し合って考え、決めていることから、十分満足できる活動の状況であると考えられる。

【知識・技能】
1年間を振り返り、他の学年の人と協力し、興味・関心を追求するよさを理解して、計画的に話し合ったり創意工夫を生かした活動の進め方をしたりしていることから、十分満足できる活動の状況であると考えられる。

クラブの担当教師がコメントと指導要録における「○」の有無を記入した上で、学級担任に「クラブ活動ノート」を渡す。
学級担任はクラブの担当教師の評価を確認した後、切り離して活動ノートのみを児童に返却するという方法も考えられる。

【主体的態度】
発表会に向け、休み時間等を利用し、同じグループの仲間と協力して積極的に取り組んでいる様子から、十分満足できる活動の状況であると考えられる。

クラブ長や、グループリーダーなどの役割を担当している場合は、それを記述することも考えられる。

第3編 事例5

（２）教師の補助簿で評価する例

　資料②は，クラブ活動の評価のための補助簿である。これは，各クラブの担当教師が記入するものである。評価をする際は，毎時間に全員の児童を見取ることは困難であることから，時間毎に見取る児童をしぼって評価するなどの工夫が考えられる。

　学級担任へ評価を伝える方法として，年度末に，担当教師が評価を記載した補助簿をコピーして渡すことが考えられる。一人一人の児童の活用状況について，担当教師との間で情報共有を密にし，指導に生かすなど評価体制の確立を図ることが大切である。

〈資料② クラブ活動担当が評価する際に使用する補助簿〉

できばえや上手さだけで評価することのないように留意する。

○の数がいくつで「十分満足できる活動の状況」とするのかについて，校内で判断基準を明確にして年間の評価の欄に○印を付け，この○印を総括的なクラブ活動の評価とすることも考えられる。

クラブ名	No.	年・組	名前	知識・技能 クラブ活動の意義や活動内容を理解している。	思考・判断・表現 よりよい活動になるように異年齢の友達と協力して活動している。	主体的態度 異年齢の友達と関わりながら，自分のよさを生かして活動しようとしている。	メモ	総括
ダンス	1	4－1	A	○	○		5/23 学年の友達と意見を出し合って振り付けを考えて活動した	○
ダンス	2	4－1	B		○	○	6/23 家で振り付けを考えてきて，友達に紹介していた。	○
ダンス	3	4－2	C				6/16 ダンスへの自信を失くしている。焦らず覚えていこうと助言	
ダンス	4	5－1	D	○	○	○	6/23 下級生への気配りや指導の仕方が◎	○
ダンス	5	5－1	E		○		9/15 友達の考えた振り付けを一生懸命に練習していた。	
ダンス	6	5－1	F	○		○	4/21 計画を立てる際の話合いで，自分の考えを積極的に発言。	○

（３）クラブ発表会振り返りカードから評価する例

　クラブ発表会カードの例である。こうしたカードを活用して評価を行うことも考えられる。

| ダンス | クラブ　　　5年　1組 名前　○○ ○○ |

クラブ発表会のめあて

笑顔で踊って，ダンスの楽しさを伝える。

クラブ発表会のふりかえり

わたしは，めあてを達成できたと思います。かん客の全校のみんなが，はく手でもりあげてくれたから，自然と笑顔が出て，楽しくおどることができました。これまでチームのみんなと協力してダンスの練習をしてきて，4年生や6年生ともなかよくかかわれたし，がんばってよかったなって思います。また，ステージでおどりたいです。

【知識・技能】
チームの仲間と協働して取り組むことの価値に気付いていることから，十分満足できる活動の状況であると考えられる。

【主体的態度】
発表会に向けて取り組んできた過程を振り返り，他者と協働して主体的に活動しようとしていたことを見取ることができることから，十分満足できる活動の状況であると考えられる。

学校行事	内容のまとまり
第5学年　宿泊学習	学校行事(4)遠足・集団宿泊的行事

1　遠足・集団宿泊的行事で育成を目指す資質・能力

○　遠足・集団宿泊的行事の意義や校外における集団生活の在り方，公衆道徳などについて理解し，必要な行動の仕方を身に付ける。

○　平素とは異なる生活環境の中での集団生活の在り方やよりよい人間関係の形成について考え，自然や文化などに触れる体験において活用したり応用したりすることができるようにする。

○　日常とは異なる環境や集団生活において，自然や文化などに関心をもち，積極的に取り組もうとする態度を養う。

2　遠足・集団宿泊的行事の評価規準

よりよい生活を築くための知識・技能	集団や社会の形成者としての思考・判断・表現	主体的に生活や人間関係をよりよくしようとする態度
遠足・集団宿泊的行事の意義や校外における集団生活の在り方，公衆道徳などについて理解し，必要な行動の仕方を身に付けている。	学校や学年の一員として，よりよい集団活動にするために，平素とは異なる生活環境の中での集団生活の在り方ついて考えたり，共に協力し合ったりしながら実践している。	日常とは異なる環境や集団生活において，自然や文化などに関心をもち，見通しをもったり振り返ったりしながら，遠足・集団宿泊的行事に積極的に取り組もうとしている。

3　指導と評価の計画

　学校行事は，学校又は学年を単位とする大きな集団で児童が協力して行う活動であり，仲間と一緒に感動した体験が学校生活を豊かにし，児童が学校や学級への所属感や連帯感を実感できるものである。教師は，児童一人一人が学校行事の意義を理解し，目標をもって取り組むことができるように意図的，計画的に指導する必要がある。

　評価については，各学校において五つの内容ごとに設定した評価規準に基づき観察を中心として評価を行うが，学習カードを活用した方法も考えられる。また，評価の参考資料として自己評価や相互評価を活用することも考えられる。

　次頁に示すのは，学校行事における年間指導計画例及び，遠足・集団宿泊的行事（宿泊学習）の指導計画例である。

　遠足・集団宿泊的行事については，校外の豊かな自然や文化に触れる体験を通して，学校における学習活動を充実，発展できるようにすることをねらいとしている。また，校外における集団活動を通して，日ごろとは異なる環境の中で，教師と児童，児童相互の人間的な触れ合いを深め，楽しい思い出をつくることができるようにする。

第3編
事例6

（1）学校行事の年間指導計画例

※五つの種類の学校行事を，全ての学年で取り組むことができるようにする。

種類 月/ねらい	儀式的行事	文化的行事	健康安全・体育的行事	遠足・集団宿泊的行事	勤労生産・奉仕的行事	他の教育活動との関連
ねらい	生活に変化や折り目を付け，厳粛で清新な気分を味わい，新しい生活への動機付けとすること	学習活動の成果を発表し，よりよい自分をめざしたり，文化や芸術に親しんだりすること	健康で安全な生活のための行動を身に付けて，運動に親しみ，責任感や連帯感を伸ばし，体力向上を目指すこと	いつもと異なる環境で見聞を深め，自然や文化に親しむとともに，よりよい人間関係を築くための体験を積むこと	勤労の尊さや，ボランティアの精神を養う体験をすること	
4	始業式（全）[0.5]・進級の喜びを感じ，これからの生活への意欲をもつ。入学式（1, 6年）[1]・清新な気持ちを味わい小学生になった自覚をもつ。・最高学年として新入生を温かく受け入れる。離任式（2〜6年）[1]・お世話になった方への感謝の気持ちを伝える。		避難訓練（全）[0.5]・地震時の安全な行動様式を身に付ける。引き渡し訓練（全）[1]・保護者への引き渡しの手順を確認し，確実な引き渡しができるようにする。健康診断（全）[1]・自分の健康に関心をもつ。	遠足（1, 2年）[5]・公共の場での行動の仕方を身に付ける。・友達と仲よく行動する。（ ）は参加する学年 [ ]は時数を表している		・道徳科（希望と勇気，努力と強い意志，感謝，友情・信頼，規則の尊重）・学級活動（2）ウ・体育科保健領域（けがの防止）
5		芸術鑑賞教室（全）[1]・管弦楽団の演奏を聴き，音楽の楽しさを味わう。	交通安全教室1, 2年[1]・安全な道路歩行の方法を学び，行動できるようになる。自転車安全教室（3, 4年）[1]・安全な自転車の乗り方を身に付ける。	宿泊学習（5年）[24]・生活を共にし，時間を守り，自主的に行動することができるようにする。・自然の中での体験活動を通して，自然に親しみ，協力の大切さを学ぶ。	地域清掃活動（全）[2]・自分たちの生活する町を自分たちの手できれいにする価値を知る。	・理科（生命・地球）・音楽（鑑賞）・道徳科（勤労・公共の精神）・総合的な学習の時間
3	卒業式（5, 6年）[2]・6年間の成長を実感し，中学への希望をもつ。修了式（1〜5年）[0.5]・1年間の成長を実感し，次学年への希望をもつ。	クラブ発表会（全）[1]・1年間の成果を発表し合い，自らの成長を確かめると共に，次年度への意欲をもつ。	避難訓練（休み時間，予告なし）（全）[0.5]・休み時間に発生した火災時の安全な行動を，自主的に判断し避難する。		校内美化活動（全）[1]・役割を分担して，協力しながら，自分たちの学校をきれいにすることの価値を知る。	・クラブ活動・道徳科（よりよい学校生活，集団生活の充実）

第3編
事例6

（２）遠足・集団宿泊的行事（宿泊学習）の指導計画例

令和　〇年度　第5学年　宿泊学習（遠足・集団宿泊的行事）の指導計画

1　ねらい
・校外における集団活動を通して，教師と児童，児童相互の人間的な触れ合いを深め，楽しさを味わい，学校生活の充実を図る。
・集団活動を通して，基本的な生活習慣や公衆道徳などについて体験を積み，互いに思いやり，共に協力し合う人間関係を築く態度を育てる。

2　評価規準

よりよい生活を築くための知識・技能	集団や社会の形成者としての思考・判断・表現	主体的に生活や人間関係をよりよくしようとする態度
遠足・集団宿泊的行事の意義や校外における集団生活の在り方，公衆道徳などについて理解し，必要な行動の仕方を身に付けている。	学校や学年の一員として，よりよい集団活動にするために，平素とは異なる生活環境の中での集団生活の在り方ついて考えたり，共に協力し合ったりしながら実践している。	日常とは異なる環境や集団生活において，自然や文化などに関心をもち，見通しをもったり振り返ったりしながら，遠足・集団宿泊的行事に積極的に取り組もうとしている。

3　実施計画
　（1）期日　令和〇年〇月〇日（　）〜〇日（　）3泊4日

4　指導計画

	活動の流れ	指導上の留意点	◎目指す児童の姿【観点】〈評価方法〉
事前	オリエンテーション・自分のめあての決定・選択活動の決定・係分担の決定・グルーピング 事前にバスでのレクリエーションやキャンプファイヤーの出し物などを学級会で話し合い，児童の発意・発想を生かすことも考えられる。	・ねらいや活動内容，日程について理解を深め，一人一人がめあてをもつことができるようにする。・係を分担し，全員で準備をする。・事前の説明会で保護者に生活習慣や健康管理，食事などについて説明し，共通理解を事前の説明会で図っておく。	◎見通しをもち，宿泊学習に参加しようとしている。◎自分の役割について，進んで準備しようとしている。【主体的態度】〈観察〉◎宿泊学習の意義を理解している。◎集団生活を送る上でどのように行動したらよいか理解している。【知識・技能】〈観察・学習カード〉
宿泊学習	1日目・学校集合・「出発の会」学校出発・バスでのレクリエーション・自然の家着「入所の集い」・野外活動①・オリエンテーリング（2時間）・キャンプファイヤー 2日目	・健康観察を十分に行う。・係を中心に自主的に運営できるようにする。・全員で楽しめる内容を事前に準備し，児童が運営をする。・オリエンテーリング（ポイントの場所でクイズに答えながら進む）の説明をする。・時間，安全面を配慮し，児童が計画・運営する。・1日目の活動を反省し，次の日の活動予定を確認する。	◎めあてに向かって，自分の役割に取り組んでいる。◎自然環境の中で，集団生活の在り方について考えたり，共に協力し合ったりしながら活動している。【思考・判断・表現】〈観察〉
事後	・学級で個人ごとにめあてについて振り返る。・係ごとに振り返りを行う。 振り返りを記入する児童	・学習カードを利用して，学級と個人の両方の視点から振り返ることができるようにする。・児童が次の学校行事や日常生活に生かすことができるようにするために成果と課題を明らかにする。	◎宿泊学習を振り返り，自分の役割や望ましい参加の仕方，成果や課題についてまとめている。◎成果や課題からこれからの学校生活に生かせそうなことを考え，まとめようとしている。【主体的態度】〈観察・学習カード〉

第3編
事例6

（3）宿泊学習がんばりカードを参考にして評価する例

　次の資料は，児童の宿泊学習への取組を評価する際に，「宿泊学習がんばりカード」の児童の記述内容を参考にした例である。

　学校行事の評価を行う際に，目指す児童の姿を設定し，全教職員と共通理解を図ることが大切である。評価の際には，文章表現の巧拙に左右されず，日頃の学校行事への活動の取組の様子なども踏まえ，積極的に児童のよさや可能性を見取ることが重要である。

　また，学習指導要領に「体験活動を通して気付いたことなどを振り返り，まとめたり，発表し合ったりするなどの活動を充実する」と示されたことを踏まえ，活動の途中や事後に，オリエンテーション等で確認した学校行事の意義や自分で考えた目標に沿って考え，自分の成長を残すことができるように振り返ることができるように指導することが大切である。

＜資料① 宿泊学習がんばりカード＞

| 宿泊学習　がんばりカード　　　　　　　　９月１３日 |
| ５年１組　名前〇〇　〇〇 |

この学校行事の目標
①集団生活の仕方やルールやマナーを身に付ける。
②集団生活のあり方について考え，共に協力して取り組む。
③自然に親しみながら，積極的に野外活動に取り組む。

この学校行事で大切にしたいこと
楽しい宿泊学習になるように，自分の係に責任をもって取り組む。

自分のめあて
みんなが楽しめるようなキャンプファイヤーを企画します。

自分を振り返ってみよう
・みんなと生活をする中でルールやマナーに気をつけて生活できましたか。（◎　◎　○　△）
・自然の教室で，共に協力して取り組むことができましたか。（◎　○　△）
・自然に親しみながら，積極的に活動することができましたか。（◎　○　△）
・自然の教室の中で自分のめあてに向けて取り組めましたか。（◎　○　△）

感じたこと・学んだこと・これから生かしたいこと

初めての自然教室で，長くみんなと一緒にいることが初めてだったけど，お互いに声をかけ合いながら楽しく活動できました。キャンプファイヤーでは準備したようにみんなにも説明できて，楽しく盛り上げることができました。〇〇くんが，野外調理の時にカレー作りの手順をみながらみんなに指示を出していたのが，よかったです。みんなで宿泊学習に来ることができて本当によかったです。

楽しむことに一生懸命になってしまって，時間を守ることができない場面があったので，これからの学校生活でも意識して生活をしていきたいです。

このがんばりカードを「キャリア・パスポート」とすることも考えられる。

【知識・技能】
　学校行事の意義を理解しているかを見取る。この児童の場合，話し合い，合意形成したことを生かし「集団生活の在り方」について自分のめあてを立てていることから十分満足できる活動の状況であると考えられる。

【思考・判断・表現】
　感想の中で「めあてに向かって自分の役割に取り組んでいること」や「共に協力しながら取り組んでいること」などの視点で記述していることから，十分満足できる活動の状況であると考えらえる。

【主体的態度】
　学校行事の意義を考え，成果や課題からこれからの学校生活に生かせることを考え，まとめていることから十分満足できる活動の状況であると考えられる。

　書くことができない児童には，学校行事に取り組んでいる様子の写真や動画を用いて一連の活動を想起できるようにする。また，記述する前に感想をお互いに伝え合う相互評価場面を設定した後に記述することも考えられる。

さらに，学校行事の評価において全ての学校行事を評価するのではなく，例えば＜資料②＞のように，5年生で運動会，自然の教室，学習発表会に重点を置いて評価することも考えられる。次に示したのは，児童の宿泊学習への取組状況を評価する際に，各学校行事に共通して活用できる「学習カード」の児童の記述内容を参考にした例である。

＜資料② 3つの学校行事に重点を置いた第5学年での評価補助簿の例＞

> 学校行事の年間の評価を主に3つの行事(この例では，運動会，宿泊学習，学習発表会)で見取ることを校内で共通理解を図った例である。その際，評価規準から目指す児童の姿を明確にする。

> 学級担任は，メモを児童指導要録「総合所見及び指導上参考となる諸事項」の欄に簡潔に記述することで，評価の根拠を記録に残すことができる。記載する際の参考にできる。

番号	氏名	運動会			宿泊学習			学習発表会			メモ	総括
	目指す児童の姿	運動会の意義を理解している。	運動のよさについて考え、実践している。	運動会に見通しをもったり振り返ったりして参加している。	自然教室の意義を理解している。	自然に親しみ、信頼し支え合って活動している。	自然の教室に見通しをもったり振り返ったりして参加している。	学習発表会の意義を理解している。	学習の成果を発表し合ったりして、互いのよさを認め合いながら実践している。	学習発表会に見通しをもったり振り返ったりして参加している。		
1	A	○	○		○	○		○	○		放送係として意欲的に取り組むことができた。(運動会 5／28)	○
2	B	○	○	○	○	○	○	○	○	○	係に責任をもち取り組むことができた。(宿泊学習 9／13)	○
3	C	○	◎	○	○						声を掛け合いながら，競技の取り組んでいた。(運動会 5／25)集団の場で規則正しく行動することができた。(運動会 5／28)	○
4	D				○		○				レクリエーションの準備に友達と協力して取り組んでいた。(宿泊学習 9／13)	
5	E			○			○			○	学習発表会で当日までの見通しをもち，練習をしていた。(2／10)	○

> C児のように特に顕著な場合は，総括的な評価に反映させることも考えられる。

> ○の数がいくつで「十分満足できる活動の状況」とするなど，校内で判断基準を明確にして年間の評価の欄に○印を付ける。この○印を総括的な学校行事の評価とする。

第3編
事例6

資料（参考）

学級活動年間指導計画例

　学級活動の目標に掲げた資質・能力の育成を目指し，全教職員が共通理解を図って計画的に指導するために，学校として第1学年から第6学年までを見通した，各学年の学級活動の年間指導計画を作成する。その際，学級活動(1)(2)(3)のすべての内容が、各学年で必ず取り扱われるようにする。また，学級活動(1)については、発達の段階別に学期ごとに予想される議題例を示す。学級活動(2)(3)については毎月の題材を示し，系統的な指導となるようにする。

　次の例は第4学年の学級活動の年間指導計画例である。

【学級活動　第4学年　年間指導計画】
〈学級活動の目標〉

> 学級や学校での生活をよりよくするための課題を見いだし，解決するために話し合い，合意形成し，役割を分担して協力して実践したり，学級での話合いを生かして自己の課題の解決及び将来の生き方を描くために意思決定して実践したりすることに，自主的，実践的に取り組むことを通して，第1の目標に掲げる資質・能力を育成することを目指す。

〈育成を目指す資質・能力〉

○　学級における集団活動に進んで参画することや意識的に健康で安全な生活を送ろうとすることの意義について理解するとともに，そのために必要となることを理解し身に付けるようにする。

○　学級や自己の生活，人間関係をよりよくするための課題を見いだし，解決するために話し合い，合意形成を図ったり，意思決定したりすることができるようにする。

○　学級における集団活動を通して身に付けたことを生かして，人間関係をよりよく形成し，他者と協働して集団や自己の課題を解決するとともに，将来の生き方を描き，その実現に向けて，日常生活の向上を図ろうとする態度を養う。

学級活動の内容	(1)学級や学校における生活づくりへの参画【24時間】		(2)日常の生活や学習への適応と自己の成長及び健康安全 (3)一人一人のキャリア形成と自己実現 【(2)・(3)は合わせて11時間】		児童会活動 学校行事等の予定
	予想される議題例	指導上の留意点	題材	○指導上のねらい　・留意点	
4	〈1学期の議題例〉 ・「どうぞよろしくの会」をしよう ・係を決めよう	学級会の指導 計画｜・オリエンテーションを実施し，学級会の意義や進め方，計画委員会の役割等について理解できるよう丁寧に指導する。	○4年生になって (3)ア ※(2)イ と関連を図る	○4年生の学習や生活を知り，個人のめあてを設定し，生活への希望がもてるようにする。 ・4年生の学習内容や行事等を示し，具体的なめあてが立てられるようにする。	・入学式 ・始業式 ・離任式 ・1年生を迎える会 ・避難訓練 ・交通安全教室 ・運動会 ・プール清掃 ・全校遠足 ・地域清掃 ・終業式
5	・学級の歌を決めよう ・学級のボールの使い方のきまりを決めよう。	・適切な議題を自分たちで選び，提案できるよう視点を示す。	○地震に備えて (2)ウ	○地震が発生したときの安全な避難方法について理解できるようにする。 ・危険を予測し，事前に備えるなど，日常生活を安全に保とうとする態度を育てる。	
6	・願いごと集会をしよう ・「1学期まとめの会」をしよう	・計画委員が自主的に準備できるよう活動計画作成の手順	○気持ちのよいあいさつ (2)ア	○進んであいさつをしようとする態度を育てる。 ・ロールプレイを通して，気持ちのよいあいさつについて理解できるようにする。	
7	等	を具体的に示す。	○家庭学習の進め方 (3)ウ	○自主的に家庭学習に取り組もうとする意欲を育てる。 ・意欲を継続させるため，1週間程	

月	議題例		指導（話合い・係活動）	題材	ねらい・留意点	学校行事
		話合い	・教科等の発表と同様に理由を明確にして，自分の考えが発表できるよう日々の学習から繰り返し指導をする。		度、励ましの言葉を書いてもらうなど，家庭に協力を依頼する。	
9	〈2学期の議題例〉 ・係活動発表会をしよう ・夏休み発表会をしよう ・読書集会をしよう			○見直そうゲームの時間 (2)ア	○ゲーム依存の問題点を知り，けじめをつけて利用することができるようにする。 ・経験をもとにした集団思考を通して，具体的な解決方法が考えられるようにする。	・始業式 ・避難訓練 ・学習発表会 ・演劇鑑賞会 ・飼育栽培活動 ・高齢者施設訪問 ・なかよし集会 ・終業式
10	・室内オリンピックをしよう ・グループ新聞コンクールをしよう		・友達の異なる意見も受け入れて，楽しい学級生活をつくるために合意形成ができるようにする。	○友達と仲よく (2)イ	○互いのよさを知り，協力して生活しようとする態度を育てる。 ・日常の場面を想起する機会を設け，友情の大切さを実感できるようにする。	
11	・みんなのコーナーの使い方を考えよう		・実態に応じて，教師は積極的に助言を行い，時間内に決定できるようにする。	○進んで働くこと (3)イ	○学校生活における自分の役割を自覚し，進んで取り組もうとする態度を育てる。 ・家庭での役割について励ましの言葉を書いてもらう等，家庭との連携を図る。	
12	・2学期まとめの会をしよう 等	実践	・決定したことを学級全員が理解し，協働して実践できるようにする。	○感染症の予防 (2)ウ 養護教諭とのTT	○健康への関心をもち，進んで予防しようとする態度を育てる。 ・具体的な予防方法が考えられるよう経験を基にした話合いを取り入れる。	
1	〈3学期の議題例〉 ・豆まき集会をしよう ・思い出カルタをつくろう	〈係活動への指導〉 組織	・学級生活が充実・向上する係が組織できるよう当番との違いを丁寧に指導する。	○5年生に向けて (3)ア	○高学年に向けてめあてや希望をもって生活しようとする態度を育てる。 ・期待や不安を共有することで，今後の生活に向けた具体的なめあてが立てられるようにする。	・始業式 ・地域交流活動 ・避難訓練 交流活動 ・通学班編成 ・大掃除 ・6年生を送る会 ・卒業式 ・修了式
2	・卒業を祝う会の出し物を決めよう ・縄跳び集会をしよう	計画	・創意工夫を生かした活動計画が立てられるよう具体例を示す。	○バランスのよい食事 (2)エ 栄養教諭とのTT	○偏食をなくし，バランスよく食べようとする態度を育てる。 ・給食の場面を振り返り，具体的なめあてが立てられるようにする。	
3	・クラス文集をつくろう ・4年生がんばったね集会をしよう 等	実践	・全員で協働して取り組めるよう活動する機会を定期的に設ける。 ・係同士が連携したり，要望や願いが出し合えたりするよう相互交流の場を工夫する。	○1年間の振り返り (3)ア	○5年生への学習や生活への見通しをもち，自分に合っためあてを立てられるようにする。 ・1年間の学習や生活を振り返る時間を設定し，自分のがんばりや成長に気付けるようにする。	

※ □ の題材においては「キャリア・パスポート」を活用することも考えられる。

※学級活動の目標とともに評価規準を年間指導計画に記載することも考えられる。

◇学級活動の各活動の特質の違いから、次の例のように学級活動(1)と学級活動(2)(3)に分けて年間指導計画を作成することも考えられる。

【学級活動 第4学年 年間指導計画】

〈学級活動の目標〉

> 学級や学校での生活をよりよくするための課題を見いだし，解決するために話し合い，合意形成し，役割を分担して協力して実践したり，学級での話合いを生かして自己の課題の解決及び将来の生き方を描くために意思決定して実践したりすることに，自主的，実践的に取り組むことを通して，第1の目標に掲げる資質・能力を育成することを目指す。

〈育成を目指す資質・能力〉

○ 学級における集団活動に進んで参画することや意識的に健康で安全な生活を送ろうとすることの意義について理解するとともに，そのために必要となることを理解し身に付けるようにする。

○ 学級や自己の生活，人間関係をよりよくするための課題を見いだし，解決するために話し合い，合意形成を図ったり，意思決定したりすることができるようにする。

○ 学級における集団活動を通して身に付けたことを生かして，人間関係をよりよく形成し，他者と協働して集団や自己の課題を解決するとともに，将来の生き方を描き，その実現に向けて，日常生活の向上を図ろうとする態度を養う。

〈学級活動「(1)学級や学校における生活づくりへの参画」の評価規準〉

第3学年及び第4学年の評価規準

よりよい生活を築くための知識・技能	集団や社会の形成者としての思考・判断・表現	主体的に生活や人間関係をよりよくしようとする態度
みんなで楽しい学級生活をつくるために他者と協働して取り組むことの意義を理解している。意見の比べ方やまとめ方を理解し，活動の方法を身に付けている。	楽しい学級生活をつくるために，問題を発見し，解決方法について理由などを比べ合いながら合意形成を図り，協力し合って実践している。	楽しい学級生活をつくるために，見通しをもったり振り返ったりしながら，自己の考えを生かし，役割を果たして集団活動に取り組もうとしている。

第4学年 学級活動「(1)学級や学校における生活づくりへの参画」(24時間)

予想される議題例		指導上の留意点	目指す児童の姿
〈1学期の議題例〉 ・「どうぞよろしくの会」をしよう ・係を決めよう ・学級の歌を決めよう ・学級のボールの使い方のきまりを決めよう。 ・願いごと集会をしよう ・1学期まとめの会をしよう 　　　　　　　等	計画	・オリエンテーションを実施し，学級会の意義や進め方，計画委員会の役割等について理解できるよう丁寧に指導する。 ・適切な議題を自分たちで選び，提案できるよう視点を示す。 ・計画委員が自主的に準備できるよう活動計画作成の手順を具体的に示す。	【知識・技能】 ・学級会の意義や計画委員会の役割，計画的な進め方などを理解し，話合いの方法を身に付けている。 【思考・判断・表現】 ・議題について自分の考えをもち，話合いに見通しをもちながら考え，表現している。 【主体的態度】 ・楽しい学級生活をつくるために，見通しをもったり振り返ったりしながら計画委員会の活動や話合いの準備に取り組もうとしている。
		・教科等の発表と同様に理由を明確にして，自分の	【知識・技能】 ・意見の比べ方やまとめ方を理解している。

〈2学期の議題例〉 ・係活動発表会をしよう ・夏休み発表会をしよう ・読書集会をしよう ・室内オリンピックをしよう ・グループ新聞コンクールをしよう ・みんなのコーナーの使い方を考えよう ・2学期まとめの会をしよう 　　　　　　　　等	話 合 い	考えが発表できるよう日々の学習から繰り返し指導をする。 ・友達の異なる意見も受け入れて，楽しい学級生活をつくるために合意形成ができるようにする。 ・実態に応じて，教師は積極的に助言を行い，時間内に決定できるようにする。	・話合い活動の方法を身に付けている。 【思考・判断・表現】 ・解決方法について理由などを比べ合いながら合意形成を図っている。 【主体的態度】 ・自己の考えを生かし，見通しをもったり振り返ったりしながら意欲的に学級会に参加しようとしている。
〈3学期の議題例〉 ・豆まき集会をしよう ・思い出カルタをつくろう ・卒業を祝う会の出し物を決めよう ・縄跳び集会をしよう ・クラス文集をつくろう ・4年生がんばったね集会をしよう 　　　　　　　　等	実 践	・決定したことを学級全員が理解し，協働して実践できるようにする。 ・役割分担して準備したり，計画を立てたりして活動できるようにする。	【知識・技能】 ・みんなで楽しい学級生活をつくることの意義を理解している。 ・決めたことを実践し，振り返るために必要な方法を身に付けている。 【思考・判断・表現】 ・合意形成したことについて，協力し合って実践している。 【主体的態度】 ・合意形成したことについて，見通しをもったり振り返ったりしながら自己の考えを生かし，役割を果たして取り組もうとしている。
	係 活 動	・学級生活が充実・向上する係が組織できるよう当番との違いを丁寧に指導する。 ・全員で協働して取り組めるよう活動する機会を定期的に設ける。 ・係同士が連携したり，要望や願いを出し合えたりするよう相互交流の場を工夫する。	【知識・技能】 ・当番活動との違いなど，みんなで楽しい学級をつくるために他者と協働して係活動に取り組む意義を理解している。 【思考・判断・表現】 ・創意工夫を生かした活動に必要な方法を身に付けている。 ・学級生活の向上に役立つ活動を考え，協力し合って実践している。 【主体的態度】 ・自分たちが学級のためにできる活動を見付け，見通しをもったり振り返ったりしながら取り組もうとしている。
	集 会 活 動	・ねらいを明確にして，創意工夫を加え，より多様な集会活動に取り組むことができるようにする。 ・計画や運営，準備などにおける役割を分担し，協力し合って楽しい集会活動をつくることができるようにする。	【知識・技能】 ・集会活動の進め方や役割分担の方法について理解している。 ・計画や運営，準備など活動に必要な方法を身に付けている。 【思考・判断・表現】 ・集会の計画や運営について，協力し合って実践している。 【主体的態度】 ・楽しい集会活動にするために，見通しをもったり振り返ったりしながら取り組もうとしている。

第3編
資　料
（参考）

〈学級活動「(2)日常の生活や学習への適応と自己の成長及び健康安全」の評価規準〉
第3学年及び第4学年の評価規準

よりよい生活を 築くための知識・技能	集団や社会の形成者としての 思考・判断・表現	主体的に生活や人間関係を よりよくしようとする態度
日常生活への自己の適応に関する諸課題の改善に向けて取り組むことの意義を理解し，よりよい生活を送るための知識や行動の仕方を身に付けている。	日常生活への自己の適応に関する諸課題に気付き，解決方法などについて話し合い，自分に合ったよりよい解決方法を意思決定して実践している。	自己の生活をよりよくするために，見通しをもったり振り返ったりしながら，意欲的に課題解決に取り組み，他者と協力し合ってよりよい人間関係を形成しようとしている。

〈学級活動「(3)一人一人のキャリア形成と自己実現」の評価規準〉
第3学年及び第4学年の評価規準

よりよい生活を 築くための知識・技能	集団や社会の形成者としての 思考・判断・表現	主体的に生活や人間関係を よりよくしようとする態度
希望や目標をもつこと，働くことや学ぶことの意義を理解し，将来への見通しをもち，自己実現を図るために必要な知識や行動の仕方を身に付けている。	希望や目標をもつこと，働くことや学ぶことについて，よりよく生活するための課題に気付き，解決方法などについて話し合い，自分に合った解決方法を意思決定して実践している。	現在及び将来にわたってよりよく生きるために，見通しをもったり振り返ったりしながら，自己のよさを生かし，他者と協働して，自己実現に向けて意欲的に行動しようとしている。

第4学年　学級活動「(2)日常の生活や学習への適応と自己の成長及び健康安全」
　　　　　学級活動「(3)一人一人のキャリア形成と自己実現」【(2)・(3)は合わせて11時間】
　　　　　※本年間指導計画では指導のねらいに即して，目指す児童の姿を重点化して示している

	題材	指導のねらい	指導上の留意点	目指す児童の姿
4	○4年生になって (3)ア ※(2)イ　と関連を図る	○4年生の学習や生活を知り，個人のめあてを設定し，生活への希望がもてるようにする。	・4年生の学習内容や行事等を示し，具体的なめあてが立てられるようにする。	【思考・判断・表現】 なりたい4年生に向けて，自分に必要なことを適切に判断し，自分のめあてを意思決定している。
5	○地震に備えて (2)ウ	○地震が発生したときの安全な避難方法について理解できるようにする。	・危険を予測し事前に備えるなど，日常生活を安全に保とうとする態度を育てる。	【知識・技能】 地震が発生した際の身の守り方や安全な避難の仕方を理解している。
6	○気持ちのよいあいさつ (2)ア	○進んであいさつをしようとする態度を育てる。	・ロールプレイを通して，気持ちのよいあいさつについて理解できるようにする。	【思考・判断・表現】 気持ちのよいあいさつについて考え，自分のめあてを決めている。
7	○家庭学習の進め方 (3)ウ	○自主的に家庭学習に取り組もうとする意欲を育てる。	・意欲が継続できるようにするため，1週間程度，励ましの言葉を書いてもらうなど，家庭に協力を依頼する。	【主体的態度】 これまでの学習を振り返り，学校生活に生かそうとしている。
9	○見直そうゲームの時間 (2)ア	○ゲーム依存の問題点を知り，けじめをつけて利用することができるようにする。	・経験をもとにした集団思考を通して，具体的な解決方法が考えられるようにする。	【思考・判断・表現】 ゲームの問題点について話し合い，自分の課題に合った具体的な目標を決めている。

10	○友達と仲よく (2)イ	○互いのよさを知り，協力して生活しようする態度を育てる。	・日常の場面を想起する機会を設け，友情の大切さを実感できるようにする。	【主体的態度】 いろいろな友達に関心をもち，進んでよいところを見つけようとしている。
11	○進んで働くこと (3)イ	○学校生活における自分の役割を自覚し，進んで取り組もうとする態度を育てる。	・家庭での役割について励ましの言葉を書いてもらう等，家庭との連携を図る。	【主体的態度】 これまでの取組を振り返り，意欲的に当番に取り組もうとしている。
12	○感染症の予防 (2)ウ 養護教諭とのTT	○健康への関心をもち，進んで予防しようとする態度を育てる。	・具体的な予防方法が考えられるよう経験を基にした話合いを取り入れる。	【思考・判断・表現】 感染症を予防するために，自分に合った解決方法を意思決定している。
1	○5年生に向けて (3)ア	○高学年に向けてめあてや希望をもって生活しようとする態度を育てる。	・期待や不安を共有することで，今後の生活に向けた具体的なめあてが立てられるようにする。	【思考・判断・表現】 なりたい5年生の姿を明確にし，そのために必要なことについて考え，前向きに話し合っている。
2	○バランスのよい食事 (2)エ 栄養教諭とのTT	○偏食をなくし，バランスよく食べようとする態度を育てる。	・給食の場面を振り返り，具体的なめあてが立てられるようにする。	【知識・技能】 健康を維持するためにはバランスよく食事をすることが大切であることを理解している。
3	○4年生を振り返って (3)ア	○4年生を振り返り，1年間の成長をまとめるとともに，5年生への見通しをもちめあてを立てられるようにする。	・1年間の学習や生活を振り返る時間を設定し，自分のがんばりや成長に気付くことができるようにする。	【主体的態度】 1年間を振り返り，自分の成長を実感し，5年生へ希望をもって生活しようとしている。

※ ☐☐☐☐☐ の題材においては「キャリア・パスポート」を活用することが考えられる。

※ 本年間指導計画では指導のねらいに即して，目指す児童の姿を重点化して示しているが，授業において，重点化した観点以外に十分満足できる活動の状況であると判断できる場合には，積極的に評価することも考えられる。

係活動の評価の工夫例

　係活動は，学級活動の時間だけでなく，朝の時間や帰りの時間，休み時間等を利用して活動するものであることから，評価の機会や方法を工夫することが重要である。そして，指導の工夫改善に生かすことや学級活動の評価に生かしていくことができるようにする。

　係活動を評価する際，実践の様子に重点を置き，創意工夫を生かして活動する姿や協力しながら取り組む姿などを積極的に評価することが大切である。そのためには，児童の創意工夫を生かして活動できるような機会を設けたり，環境を整備したりすることが重要である。例えば「係活動コーナー」を設置し，係ごとの情報発信，係同士の交流の場として活用できる工夫も考えられる。次に示したのは，日常的な係活動の様子や作品等から評価する例である。

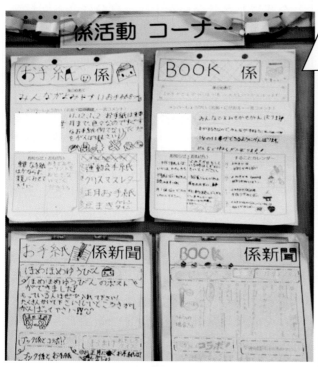

係活動コーナーを活用した評価の工夫
　係活動コーナーを作成し，係活動紹介ポスターや係新聞や〇月の取組，ありがとうカード，アドバイスカード等を掲示する。更新できるようにファイリングしたり，ホワイトボードに書き込んだりできるよう工夫することも考えられる。係活動では観察が中心となるが，係ごとに作成したポスターや新聞を評価の参考とすることも考えられる。

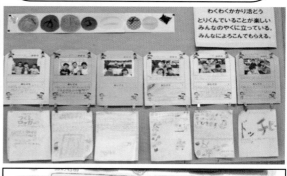

〈係活動紹介ポスター〉
【思考・判断・表現】
　みんなで楽しい学級生活をつくるために発意・発想を生かしたポスターを作成していたり，具体的な活動計画を立てていたりすることや取組の様子から，十分満足できる活動の状況であると考えられる。

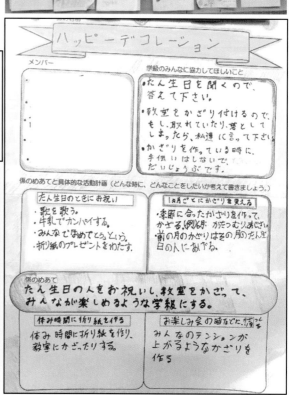

協力して係活動紹介
ポスターの作成に
取り組む児童

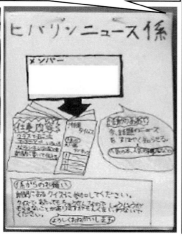

〈係からのお知らせ〉
【思考・判断・表現】
　創意工夫しながら活動したり自己の考えを生かしたりしながら，役割を果たして主体的に取り組もうとしている様子から，十分満足できる活動の状況であると考えられる。

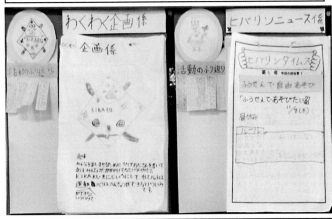

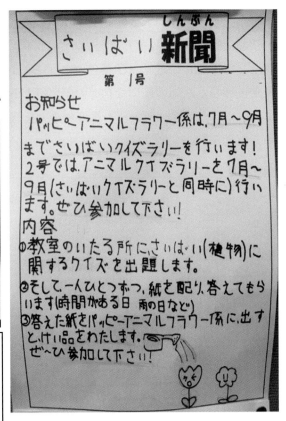

〈係への提案カード・ありがとうカード〉
【主体的態度】
　他の係にアドバイスしたり，互いの係のがんばりに気付いたりすることで，協働しながら学級生活をよりよくしようとしていることから，十分満足できる活動の状況であると考えられる。

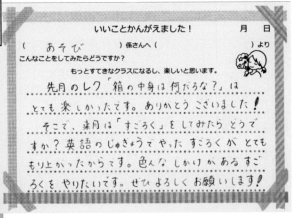

　係活動においては，月ごとや学期ごとなどに，活動のめあてに合わせて活動を振り返るようにすることが望ましい。係活動ポスターなどに合わせて掲示することも考えられる。

〈係活動振り返りカード〉
【主体的態度】
　友達と協働したことの達成感を感じたことや次の活動への見通しをもつことができていることから，十分満足できる活動の状況であると考えられる。

学級活動(1)における発達の段階に即した活動形態別の評価規準例

　学級活動(1)は，児童の自発的，自治的な集団活動の計画や運営に関わるものであり，その活動形態として「話合い活動（学級会）」，「係活動」，「集会活動」の三つがある。これらの活動が，発達の段階に即した教師の適切な指導の下に行われるようにすることが重要である。そのために，学校として次のような「活動形態別の評価規準」を低・中・高学年の発達の段階に即して設定しておくことが考えられる。

活動形態		学年	指導のねらい	発達の段階に即した活動形態別の評価規準		
				よりよい生活を築くための知識・技能	集団や社会の形成者としての思考・判断・表現	主体的に生活や人間関係をよりよくしようとする態度
話合い活動（学級会）	問題の発見・確認（事前の活動）	低学年	○教師の適切な指導の下で，学級生活を楽しくする議題を選定できるようにする。 ○教師の助けを得ながら，話合い活動の準備ができるようにする。 ○学級会ノートに記入するなど見通しをもち，取り組むことができるようにする。	・学級会の役割，基本的な進め方を理解し，話合いの仕方を身に付けている。	・議題について自分の考えをもち，話合いの手順などに沿って考え，表現している。	・学級生活を楽しくするために，見通しをもったり振り返ったりしながら話合いの準備に取り組もうとしている。
		中学年	○教師の助言を受けながら，楽しい学級生活をつくるための議題を選定できるようにする。 ○教師の適切な指導の下に児童が活動計画を作成し，進行を分担して行い，話合い活動の準備ができるようにする。 ○提案理由を踏まえて考えを学級会ノートに記入するなど，話合いに見通しをもち，取り組むことができるようにする。	・学級会の意義や計画委員会の役割，計画的な進め方などを理解し，話合いの方法を身に付けている。	・議題について自分の考えをもち，話合いに見通しをもちながら考え，表現している。	・楽しい学級生活をつくるために，見通しをもったり振り返ったりしながら計画委員会の活動や話合いの準備に取り組もうとしている。
		高学年	○教師の助言を受けながら，楽しく豊かな学級や学校生活をつくるための議題を選定できるようにする。 ○教師の助言を受けながら，児童自身が活動計画を作成し，進行を分担して行い，話合い活動の準備ができるようにする。 ○学級全体のことを考え提案理由を踏まえて考えを学級会ノートに記入するなど，話合いに見通しをもち，取り組むことができるようにする。	・学級会の意義や計画委員会の役割や合意形成の手順など，効率的な進め方を理解し，身に付けている。	・議題について自分の考えをもち，合意形成の手順を見通して考え，表現している。	・楽しく豊かな学級や学校の生活をつくるために，見通しをもったり振り返ったりしながら計画委員会の活動や話合いの準備などに取り組もうとしている。

話合い～合意形成（本時の活動）	低学年	○教師が司会の役割を受け持つことから始め、少しずつ児童がその役割を担うことができるようにしていく。○話合いの約束に沿って友達の意見をよく聞いたり、自分の意見を言えるようにしたりして、合意形成を図ることができるようにする。	・話合いの進め方に沿った、自分の意見の言い方や他者の意見の聞き方を理解している。・話合いの仕方を身に付けている。	・解決方法について話合いの進め方に沿って合意形成を図っている。	・自己の考えをもち、見通しをもったり振り返ったりしながら進んで学級会に取り組もうとしている。
	中学年	○進行等の役割を輪番で受け持ち、司会等の役割を果たすことができるようにする。○理由を明確にして意見を言えるようにしたり、異なる意見も受け入れたりして、楽しい学級生活をつくるために合意形成を図ることができるようにする。	・意見の比べ方やまとめ方を理解している。・話合い活動の方法を身に付けている。	・解決方法について理由などを比べ合いながら合意形成を図っている。	・自己の考えを生かし、見通しをもったり振り返ったりしながら意欲的に学級会に参加しようとしている。
	高学年	○話合い活動を効率的、効果的に運営することができるようにする。○学級のみならず学校生活にまで目を向け、自分の言葉で建設的な意見を述べ合えるようにし、多様な意見のよさを生かして楽しい学級や学校の生活をつくるためによりよい合意形成を図るようにする。	・合意形成の手順や深まりのある話合いの進め方を理解している。・話合い活動に必要な方法を身に付けている。	・解決方法について多様な意見のよさを生かして合意形成を図っている。	・自己のよさを発揮し、見通しをもったり振り返ったりしながら自主的に学級会に参画しようとしている。
実践～振り返り（事後の活動）	低学年	○合意形成したことについて仲よく実践することができるようにする。○教師と一緒に準備をしたり、計画を立てたりして活動できるようにする。	・みんなで学級生活を楽しくすることの意義を理解している。・決めたことを実践するために必要な方法を身に付けている。	・合意形成したことについて、仲よく助け合って実践している。	・合意形成したことについて、見通しをもったり振り返ったりしながら集団活動に取り組もうとしている。
	中学年	○合意形成したことについて協力し合って実践することができるようにする。○役割分担して準備したり、計画を立てたりして活動できるようにする。	・みんなで楽しい学級生活をつくることの意義を理解している。・決めたことを実践し、振り返るために必要な方法を身に付けている。	・合意形成したことについて、協力し合って実践している。	・合意形成したことについて、見通しをもったり振り返ったりしながら自己の考えを生かし、役割を果たして取り組もうとしている。

	高学年	○合意形成したことについて自主的に取り組み,信頼し合って実践することができるようにする。 ○創意工夫しながら準備をしたり,計画を立てたりして活動できるようにする。	・みんなで楽しく豊かな学級や学校の生活をつくる意義を理解している。 ・決めたことを実践し振り返るために必要な方法を身に付けている。	・合意形成したことについて,信頼し支え合って実践している。	・合意形成したことについて,見通しをもったり振り返ったりしながら自己のよさを発揮し,役割や責任を果たして取り組もうとしている。
係活動	低学年	○当番的な活動から始め,自分から進んで取り組めるようにする。 ○少人数で構成された係で仲よく助け合って活動し,学級生活を楽しくすることができるようにする。	・みんなで学級を楽しくするために係活動に取り組むことの意義を理解している。 ・活動をするために必要な方法を身に付けている。	・みんなのためになる活動を考えて,仲よく助け合って実践している。	・自分がやりたいことを見付け,見通しをもったり振り返ったりしながら係活動に取り組もうとしている。
	中学年	○朝や帰りの会の時間などを生かして,積極的に取り組むことができるようにする。 ○創意工夫が生かせるような係活動をし,協力し合って楽しい学級生活をつくることができるようにする。	・当番活動との違いなど,みんなで楽しい学級をつくるために他者と協働して係活動に取り組む意義を理解している。 ・創意工夫を生かした活動に必要な方法を身に付けている。	・学級生活の向上に役立つ活動を考え,協力し合って実践している。	・自分たちが学級のためにできる活動を見付け,見通しをもったり振り返ったりしながら取り組もうとしている。
	高学年	○自主的,実践的に係活動を進めたり,自分のよさを活かせる係に所属したりして,継続的に活動できるようにする。 ○創意工夫のできる活動に重点化するなどして,信頼し支え合って,楽しく豊かな学級や学校の生活をつくるようにする。	・みんなで楽しく豊かな学級や学校の生活をつくるために係活動に取り組むことの意義を理解している。 ・創意工夫を生かした活動に必要な方法を身に付けている。	・見通しをもって活動計画を立て,信頼し支え合って実践している。	・自分のよさを生かす活動を見付け,見通しをもったり振り返ったりしながら取り組もうとしている。

集会活動	低学年	○入門期には，教師が主導の中で合意形成した集会活動を多く経験し，楽しさを実感できるようにする。 ○児童が集会の内容を選択し，簡単な役割や準備をみんなで分担して，誰とでも仲よく集会活動を楽しむことができるようにする。	・集会活動の楽しさを知り，自分の役割について理解している。 ・簡単な役割分担や準備の仕方を身に付けている。	・集会の内容や準備などについて考え，仲よく助け合って実践している。	・集会活動を楽しみにし，見通しをもったり振り返ったりしながら取り組もうとしている。
	中学年	○ねらいを明確にして，創意工夫を加え，より多様な集会活動に取り組むことができるようにする。 ○計画や運営，準備などにおける役割を分担し，協力し合って楽しい集会活動をつくることができるようにする。	・集会活動の進め方や役割分担の方法について理解している。 ・計画や運営，準備など活動に必要な方法を身に付けている。	・集会の計画や運営について，協力し合って実践している。	・楽しい集会活動にするために，見通しをもったり振り返ったりしながら取り組もうとしている。
	高学年	○児童会活動やクラブ活動の経験を生かして，学級生活をより楽しくするための活動に取り組めるようにする。 ○話合い活動によって，互いのよさを生かしたり，反省を生かしたりして，信頼し支え合って創意工夫のある集会活動をつくることができるようにする。	・集会活動の意義や運営方法について理解している。 ・計画や運営，準備など活動に必要な方法を身に付けている。	・集会の計画や運営について，見通しをもって活動計画を立てるなど，信頼し支え合って実践している。	・楽しく豊かな集会活動にするために，見通しをもったり振り返ったりしながら取り組もうとしている。

学習過程の活動に即して評価の観点を重点化した例

　学級活動の一連の学習過程のすべての段階において，【知識・技能】【思考・判断・表現】【主体的態度】の三つの観点を評価することは困難であることから，学習過程の活動に即して評価の観点を重点化し，効果的で効率的な評価となるようにしたい。

　事前の活動や事後の活動においては，見通しと振り返りを大切にすることから，課題の発見・確認の活動や実践・振り返りの活動で【主体的態度】の観点について重点的に評価することができる。本時の活動においては，児童同士の話合いを大切にしていることから，【思考・判断・表現】の観点について重点的に評価することができる。また，議題や題材の内容に即し，よりよい活動場面において【知識・技能】の観点について評価することができる。学級活動(2)の題材によっては，【知識・技能】の評価に重点をおくことも考えられる。

　ここでは，学習過程の活動に即して評価の観点を重点化した例を下に示す。

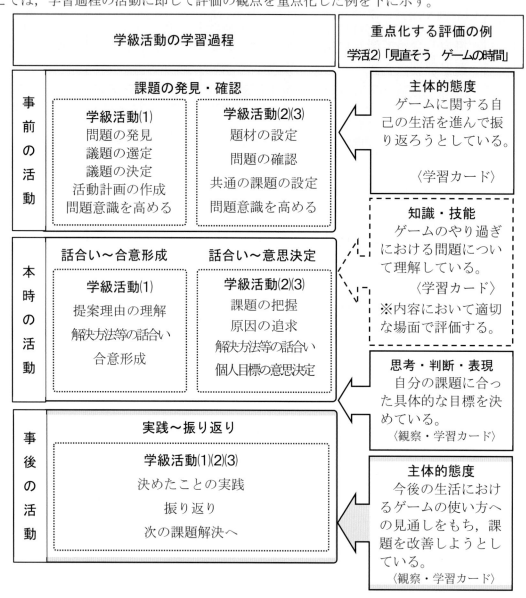

指導に生かす評価

評価については，第1章総則第3の2の(1)で「学習の過程や成果を評価し，指導の改善や学習意欲の向上を図り，資質・能力の育成に生かすようにすること」と示していることから，指導の改善に生かすという視点が重要である。評価を通して教師が指導の過程や方法について振り返り，より効果的な指導が行えるような工夫や改善を図っていくことが求められる。

1 教師が自己の指導を評価し，指導の改善に生かした例

新学習指導要領で重視している「主体的・対話的で深い学び」の視点から授業改善を通して資質・能力を確実に育成する上で教師が自己の指導を評価し，指導の改善に生かすことが大切である。

例えば『特別活動指導資料　みんなで，よりよい学級・学校生活をつくる特別活動【小学校編】』(H30.12 国立教育政策研究所)の「指導を振り返ってみましょう」(p.70, p.82, p.101, p.106, p.116)を用いて自己の指導を振り返り，今後の指導に生かすことも考えらえる。

次に学級活動(1)の自己の指導を評価し改善に生かす例を示す。

	項　目	チェック欄
事前の活動	学級活動コーナーを作って，学級会の「議題」や「話し合うこと」などを掲示し，すぐに使えるようにしている。	○
	計画委員会(司会グループ)を輪番制にしている。	○
	学級会の前に計画委員会を開いて，適切に議題選定等ができるよう指導している。	○
	司会進行マニュアルを作り，計画委員会で話合いの流れを検討したり，必要に応じて練習したりする時間を確保している。	○
	「話し合うこと」は1単位時間かけて話し合う価値のあるものを設定している。	
	議題箱や提案カードを置いて，児童がすぐに提案できるようにしている。	○
	学級会の前に，児童が学級会ノートを記入するようにしている。	○
	提案理由等に沿って自分の考えが書けているか確認し，必要に応じて個別に指導している。	○
本時の活動	「決まっていること」を確認してから，話合いを始めている。	
	司会の児童への助言は，学級全体に向けた助言となるようにしている。	○
	話合いが混乱したときや人権を侵害するような発言があったときは，すぐに指導している。	○
	友達の意見をしっかり聞いたり，つなげて発言したりするように指導している。	○
	話型を掲示するなど，理由を明確にして自分の意見を発表できるように指導している。	○
	「出し合う」「くらべ合う」「まとめる(決める)」話合いの流れを明確にして指導している。	○
	少数の意見も大切にしながら，学級全体の合意形成を図るように助言している。	
	終末の「先生の話」で，例えば三つの点(前回の学級会と比べてよかったこと，次回の学級会に向けての課題，司会グループへのねぎらい)について話し，実践への意欲を高めている。	○

＜指導の改善例＞
　集まった議題案から計画委員会で議題を選定する際に，「全員で話し合うべき議題かどうか」「自分たちで解決できる問題かどうか」などの視点で整理することができるよう助言を行う。

＜指導の改善例＞
　児童が話し合う上での条件(日時，時間，場所，プログラム等)を理解し，それに合った話合いをするために「決まっていること」を事前に掲示し，話合いの際に確認する。

(https://www.nier.go.jp/kaihatsu/shidousiryou.html)

また，「教師の指導を振り返ってみましょう」を用いて，学校全体で共通の視点をもって授業観察等をすることも考えられる。研究協議においても「折り合いをつけながら話し合うことの大切さやその方法を確認する」「何のために活動するのかわかりやすく確認し，提案理由を理解できるようにする」「意見の言い方や聞き方，話合いの進め方の話型等の手立てとなる資料を活用する」などの項目を用いて共通の視点で授業について協議することができる。

同様に，『特別活動指導資料　みんなで，よりよい学級・学校生活をつくる特別活動【小学校編】』(H30.12 国立教育政策研究所)には，学級活動(2)(3)「指導を振り返ってみましょう」(p.82)，児童会活動「児童会活動のチェックリストの例」(p.101)，クラブ活動「クラブ活動のチェックリストの例」(p.106)学校行事「学校行事のチェックリストの例」(p.116)が示されている。これらのように教師が自己の指導を振り返り，確実に児童の資質・能力が育成されるよう，指導の改善に生かすことも重要である。

第3編
資　料
(参考)

キャリア教育の充実を図る特別活動の実践

1 「特別活動で育成を目指す資質・能力」と「基礎的・汎用的能力」

キャリア教育については、学習指導要領第1章総則の第4の1の(3)に次のように示されている。

> 児童が、学ぶことと自己の将来とのつながりを見通しながら、社会的・職業的自立に向けて必要な基盤となる資質・能力を身に付けていくことができるよう、<u>特別活動を要としつつ各教科等の特質に応じて</u>、キャリア教育の充実を図ること。（※下線は本参考資料による加筆）

これまで特別活動は、全教育活動を通して行ってきた人間形成の統合的な時間として教育課程に位置付けられてきた。また、身近な社会である学校において各教科等で育成した資質・能力について、実践的な活動を通し、社会生活に生きて働く汎用的な力として育成する教育活動としての役割も注目されてきた。（「小学校学習指導要領解説特別活動編」より）

つまり、自発的、自治的活動を固有の役割としてきた特別活動は、これまでもキャリア教育が求める基礎的・汎用的な能力の育成に強く関わってきたものであり、そのことを確認、強調する意味で「特別活動を要としつつ」と表現されたものである。

「今後の学校におけるキャリア教育・職業教育の在り方について」（中央教育審議会答申　H23年1月）では、キャリア教育を「一人一人の社会的・職業的自立に向け、必要な基盤となる能力や態度を育てることを通して、キャリア発達を促す教育」として定義づけた。さらに、その能力や態度を「基礎的・汎用的能力」として、「人間関係形成・社会形成能力」「自己理解・自己管理能力」「課題対応能力」「キャリア・プランニング能力」の4つの内容が示された。また、「基礎的・汎用的能力」とは「社会人・職業人に必要とされる基礎的な能力と現在学校教育で育成している能力との接点を確認」することを通して具体化されるものであるとしている。

キャリア教育の要として位置付けられた特別活動において育成を目指す資質・能力の視点として示された「人間関係形成」「社会参画」「自己実現」は、「基礎的・汎用的能力」と重なる点が多い。

つまり、「特別活動の目標」の実現を目指して、教師の指導や児童の活動を積み重ねることが、社会的・職業的自立に必要不可欠な資質・能力を育成することになる。

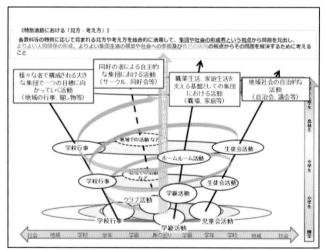

〈資料①　「特別活動で育成を目指す資質・能力」と「社会人・職業人に必要とされる基礎的な能力」の関連イメージ　中教審答申資料（H28）より〉

2 「キャリア教育の要」としての特別活動

学習指導要領の改訂により小学校学級活動に「(3)一人一人のキャリア形成と自己実現」が新設され、このことにより小・中・高等学校の学習内容が系統的につながったことである。ここで留意すべきは、学級活動(3)の充実が特別活動としての要の役割と安易に捉えないようにすることである。前

項で述べたように，あくまで，キャリア教育が育成を目指す資質・能力と，特別活動が育成を目指す資質・能力とが重なっていることが要の理由である。つまり，社会的・職業的自立に必要な資質・能力を育成するためには，特別活動が固有の役割としている児童の自発的，自治的な活動の充実も重要であることを認識しておきたい。

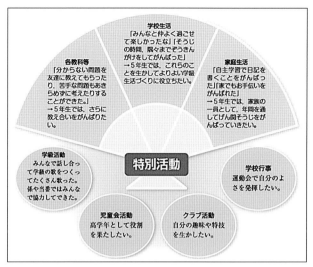

〈資料②キャリア教育の要としての特別活動のイメージ（特別活動指導資料p.94　H30.12　国立教育政策研究所より）〉

その上で，学級活動(3)の指導の充実を図ることが求められる。例えば，年度当初において行われる「○年生になって」や，節目などに行われる「○年生に向けて」などの題材は，その中心的な内容になる。児童は，学校だけでなく家庭や地域社会の中で生きており，各教科等の授業だけでなく，学校生活や家庭生活の中で様々なことを学んだり役割を担ったりしている。したがって，学級活動(3)の授業では，これらの学びを横につないだり，将来とつないだりしながら自己の生き方について考えを深めることができるようにする必要がある。

3 「キャリア・パスポート」の活用

学級活動(3)の指導に当たっては，小学校学習指導要領第6章特別活動第2の3に「学校，家庭及び地域における学習や生活の見通しを立て，学んだことを振り返りながら，新たな学習や生活への意欲につなげたり，将来の生き方を考えたりする活動を行うこと。その際，児童が活動を記録し蓄積する教材等を活用すること。」と示されていることに留意し，小学校から高等学校まで蓄積していく

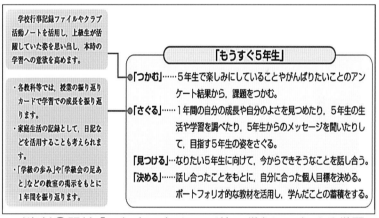

〈資料③題材「5年生に向けて」（第4学年）における学習過程の例（特別活動指導資料p.94　H30.12　国立教育政策研究所より）〉

『キャリア・パスポート』を効果的に活用できるようにする必要がある。学級活動(3)の授業の際に意思決定したことを書き込むカードなどについて，実践を振り返り，努力の状況や成果と課題などを一体にして記録できるようにし，そのまま「キャリア・パスポート」として蓄積できるようにすることも考えられる。また，「キャリア・パスポート」の児童の記述から，取組の過程や状況を見取り，児童理解を深めたり，学習評価の参考にしたりすることも考えられる。

なお，「キャリア・パスポート」は児童の学習活動（自己評価や相互評価）であり，それをそのまま学習評価とすることは適切でないが，学習評価の参考資料として適切に活用することにより，児童の学習意欲の向上につなげることもできる。

巻末資料

評価規準，評価方法等の工夫改善に関する調査研究について

平成 31 年 2 月 4 日　国立教育政策研究所長裁定

平成 31 年 4 月 12 日　一　　部　　改　　正

1　趣　　旨

　　学習評価については，中央教育審議会初等中等教育分科会教育課程部会において「児童生徒の学習評価の在り方について」（平成 31 年 1 月 21 日）の報告がまとめられ，新しい学習指導要領に対応した，各教科等の評価の観点及び評価の観点に関する考え方が示されたところである。

　　これを踏まえ，各小学校，中学校及び高等学校における児童生徒の学習の効果的，効率的な評価に資するため，教科等ごとに，評価規準，評価方法等の工夫改善に関する調査研究を行う。

2　調査研究事項

（1）評価規準及び当該規準を用いた評価方法に関する参考資料の作成

（2）学校における学習評価に関する取組についての情報収集

（3）上記（1）及び（2）に関連する事項

3　実施方法

　　調査研究に当たっては，教科等ごとに教育委員会関係者，教師及び学識経験者等を協力者として委嘱し，2 の事項について調査研究を行う。

4　庶　　務

　　この調査研究にかかる庶務は，教育課程研究センターにおいて処理する。

5　実施期間

　　平成 31 年 4 月 19 日〜令和 2 年 3 月 31 日

巻末
資料

評価規準，評価方法等の工夫改善に関する調査研究協力者（五十音順）

（職名は平成 31 年 4 月現在）

青木　洋俊　　　川崎市立上作延小学校総括教諭

我那覇ゆり子　　沖縄県那覇市立松川小学校教諭

佐野　正樹　　　北海道北広島市立大曲小学校教諭

杉田　　洋　　　國學院大學教授

添野　圭介　　　埼玉県立総合教育センター担当課長

東　　　豊　　　兵庫県赤穂市立赤穂小学校教諭

国立教育政策研究所においては，次の関係官が担当した。

安部　恭子　　　国立教育政策研究所教育課程研究センター研究開発部教育課程調査官

この他，本書編集の全般にわたり，国立教育政策研究所において以下の者が担当した。

笹井　弘之　　　国立教育政策研究所教育課程研究センター長

清水　正樹　　　国立教育政策研究所教育課程研究センター研究開発部副部長

髙井　　修　　　国立教育政策研究所教育課程研究センター研究開発部研究開発課長

高橋　友之　　　国立教育政策研究所教育課程研究センター研究開発部研究開発課指導係長

奥田　正幸　　　国立教育政策研究所教育課程研究センター研究開発部研究開発課指導係専門職

森　　孝博　　　国立教育政策研究所教育課程研究センター研究開発部教育課程調査官

学習指導要領等関係資料について

　学習指導要領等の関係資料は以下のとおりです。いずれも，文部科学省や国立教育政策研究所のウェブサイトから閲覧が可能です。スマートフォンなどで閲覧する際は，以下の二次元コードを読み取って，資料に直接アクセスする事が可能です。本書と合わせて是非ご覧ください。

---

① 学習指導要領、学習指導要領解説　等
② 中央教育審議会答申「幼稚園、小学校、中学校、高等学校及び特別支援学校の学習指導要領等の改善及び必要な方策等について」（平成 28 年 12 月 21 日）
③ 中央教育審議会初等中等教育分科会教育課程部会報告「児童生徒の学習評価の在り方について」（平成 31 年 1 月 21 日）
④ 小学校，中学校，高等学校及び特別支援学校等における児童生徒の学習評価及び指導要録の改善等について（平成 31 年 3 月 29 日 30 文科初第 1845 号初等中等教育局長通知）
　　　　　　　　　　　　※各教科等の評価の観点等及びその趣旨や指導要録（参考様式）は，同通知に掲載。
⑤ 学習評価の在り方ハンドブック（小・中学校編）（令和元年 6 月）
⑥ 学習評価の在り方ハンドブック（高等学校編）（令和元年 6 月）
⑦ 平成 29 年改訂の小・中学校学習指導要領に関する Q&A
⑧ 平成 30 年改訂の高等学校学習指導要領に関する Q&A
⑨ 平成 29・30 年改訂の学習指導要領下における学習評価に関する Q&A

①　②　③

④　⑤　⑥

⑦　⑧　⑨

巻末
資料

学習評価の在り方ハンドブック

小・中学校編

P2　学習指導要領　学習指導要領解説

P4　学習評価の基本的な考え方

P6　学習評価の基本構造

P7　特別の教科 道徳, 外国語活動, 総合的な学習の時間及び特別活動の評価について

P8　観点別学習状況の評価について

P10　学習評価の充実

P12　Q&A　－先生方の質問にお答えします－

文部科学省　国立教育政策研究所教育課程研究センター

学 習 指 導 要 領

学習指導要領とは, 国が定めた「教育課程の基準」です。

（学校教育法施行規則第52条, 74条, 84条及び129条等より）

■学習指導要領の構成
〈小学校の例〉

総則は, 以下の項目で整理され,
全ての教科等に共通する事項が記載されています。

- 第1 小学校教育の基本と教育課程の役割
- 第2 教育課程の編成
- 第3 教育課程の実施と学習評価
- 第4 児童の発達の支援
- 第5 学校運営上の留意事項
- 第6 道徳教育に関する配慮事項

学習評価の
実施に当たっての
配慮事項

前文
第1章　総則
第2章　各教科
　　　　第1節　　国語
　　　　第2節　　社会
　　　　第3節　　算数
　　　　第4節　　理科
　　　　第5節　　生活
　　　　第6節　　音楽
　　　　第7節　　図画工作
　　　　第8節　　家庭
　　　　第9節　　体育
　　　　第10節　　外国語
第3章　特別の教科 道徳
第4章　外国語活動
第5章　総合的な学習の時間
第6章　特別活動

各教科等の目標, 内容等が記載されています。

（例）第1節　国語

- 第1　目標
- 第2　各学年の目標及び内容
- 第3　指導計画の作成と内容の取扱い

　平成29年改訂学習指導要領の各教科等の目標や内容は,
教育課程全体を通して育成を目指す資質・能力の三つの柱に
基づいて再整理されています。

ア 何を理解しているか, 何ができるか
　（生きて働く「知識・技能」の習得）
イ 理解していること・できることをどう使うか（未知の状況にも
　対応できる「思考力・判断力・表現力等」の育成）
ウ どのように社会・世界と関わり, よりよい人生を送るか
　（学びを人生や社会に生かそうとする「学びに向かう力・
　人間性等」の涵養）

平成29年改訂「小学校学習指導要領」より
※中学校もおおむね同様の構成です。

詳しくは, 文部科学省Webページ「学習指導要領のくわしい内容」をご覧ください。
(http://www.mext.go.jp/a_menu/shotou/new-cs/1383986.htm)

学習指導要領解説

学習指導要領解説とは,大綱的な基準である学習指導要領の記述の意味や解釈などの詳細について説明するために,文部科学省が作成したものです。

■学習指導要領解説の構成
〈小学校 国語編の例〉

●第1章 総説
> 1 改訂の経緯及び基本方針
> 2 国語科の改訂の趣旨及び要点

総説
改訂の経緯及び基本方針

●第2章 国語科の目標及び内容
> 第1節 国語科の目標
>> 1 教科の目標
>> 2 学年の目標
>
> 第2節 国語科の内容
>> 1 内容の構成
>> 2 〔知識及び技能〕の内容
>> 3 〔思考力,判断力,表現力等〕の内容

●第3章 各学年の内容
> 第1節 第1学年及び第2学年の内容
>> 1 〔知識及び技能〕
>> 2 〔思考力,判断力,表現力等〕
>
> 第2節 第3学年及び第4学年の内容
>> 1 〔知識及び技能〕
>> 2 〔思考力,判断力,表現力等〕
>
> 第3節 第5学年及び第6学年の内容
>> 1 〔知識及び技能〕
>> 2 〔思考力,判断力,表現力等〕

学年や分野ごとの内容

●第4章 指導計画の作成と内容の取扱い
> 1 指導計画作成上の配慮事項
> 2 内容の取扱いについての配慮事項
> 3 教材についての配慮事項

指導計画作成や内容の取扱いに係る配慮事項

●付録
> 付録1:学校教育施行規則(抄)
> 付録2:小学校学習指導要領 第1章 総則
> 付録3:小学校学習指導要領 第2章 第1節 国語
> 付録4:教科の目標,各学年の目標及び内容の系統表
>   (小・中学校国語科)
> 付録5:中学校学習指導要領 第2章 第1節 国語
> 付録6:小学校学習指導要領 第2章 第10節 外国語
> 付録7:小学校学習指導要領 第4章 外国語活動
> 付録8:小学校学習指導要領 第3章 特別の教科 道徳
> 付録9:「道徳の内容」の学年段階・学校段階の一覧表
> 付録10:幼稚園教育要領

教科等の目標及び内容の概要

参考（系統性等）

「小学校学習指導要領解説 国語編」より
※中学校もおおむね同様の構成です。「総則編」,「総合的な学習の時間編」及び「特別活動編」は異なった構成となっています。

> 教師は,学習指導要領で定めた資質・能力が,児童生徒に確実に育成されているかを評価します

学習評価の基本的な考え方

　学習評価は，学校における教育活動に関し，児童生徒の学習状況を評価するものです。「児童生徒にどういった力が身に付いたか」という学習の成果を的確に捉え，**教師が指導の改善を図る**とともに，**児童生徒自身が自らの学習を振り返って次の学習に向かうことができるようにする**ためにも，学習評価の在り方は重要であり，教育課程や学習・指導方法の改善と一貫性のある取組を進めることが求められます。

▌カリキュラム・マネジメントの一環としての指導と評価

　各学校は，日々の授業の下で児童生徒の学習状況を評価し，その結果を児童生徒の学習や教師による指導の改善や学校全体としての教育課程の改善，校務分掌を含めた組織運営等の改善に生かす中で，学校全体として組織的かつ計画的に教育活動の質の向上を図っています。

　このように，「学習指導」と「学習評価」は学校の教育活動の根幹であり，教育課程に基づいて組織的かつ計画的に教育活動の質の向上を図る「カリキュラム・マネジメント」の中核的な役割を担っています。

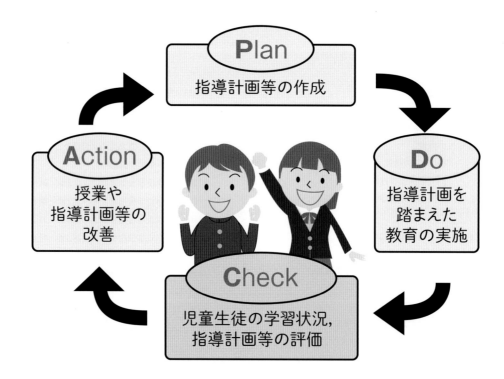

▌主体的・対話的で深い学びの視点からの授業改善と評価

　指導と評価の一体化を図るためには，児童生徒一人一人の学習の成立を促すための評価という視点を一層重視することによって，教師が自らの指導のねらいに応じて授業の中での児童生徒の学びを振り返り，学習や指導の改善に生かしていくというサイクルが大切です。平成29年改訂学習指導要領で重視している「主体的・対話的で深い学び」の視点からの授業改善を通して，各教科等における資質・能力を確実に育成する上で，学習評価は重要な役割を担っています。

☑ **教師の指導改善に
つながるものにしていくこと**

☑ **児童生徒の学習改善に
つながるものにしていくこと**

☑ **これまで慣行として行われてきたことでも,
必要性・妥当性が認められないものは
見直していくこと**

次の授業では
○○を重点的に
指導しよう。

○○のところは
もっと〜した方が
よいですね。

詳しくは, 平成31年3月29日文部科学省初等中等教育局長通知「小学校,中学校,高等学校及び特別
支援学校等における児童生徒の学習評価及び指導要録の改善等について(通知)」をご覧ください。
(http://www.mext.go.jp/b_menu/hakusho/nc/1415169.htm)

 コラム　　　　　　　　　評価に戸惑う児童生徒の声

「先生によって観点の重みが違うんです。授業態度を
とても重視する先生もいるし,テストだけで判断するという
先生もいます。そうすると,どう努力していけばよいのか
本当に分かりにくいんです。」(中央教育審議会初等
中等教育分科会教育課程部会 児童生徒の学習評価
に関するワーキンググループ第7回における高等学校
3年生の意見より)

あくまでこれは一部の意見ですが,学習評価に対する
児童生徒のこうした意見には,適切な評価を求める切実

な思いが込められています。そのような児童生徒の声に
応えるためにも,教師は,児童生徒への学習状況の
フィードバックや,授業改善に生かすという評価の機能
を一層充実させる必要があります。教師と児童生徒が共
に納得する学習評価を行うためには,評価規準を適切に
設定し,評価の規準や方法について,教師と児童生徒
及び保護者で共通理解を図るガイダンス的な機能と,
児童生徒の自己評価と教師の評価を結び付けていく
カウンセリング的な機能を充実させていくことが重要です。

Column

学習評価の基本構造

平成29年改訂で, 学習指導要領の目標及び内容が資質・能力の三つの柱で再整理されたことを踏まえ, 各教科における観点別学習状況の評価の観点については,「知識・技能」,「思考・判断・表現」,「主体的に学習に取り組む態度」の3観点に整理されています。

「学びに向かう力, 人間性等」には
①「主体的に学習に取り組む態度」として観点別評価(学習状況を分析的に捉える)を通じて見取ることができる部分と,
②観点別評価や評定にはなじまず, こうした評価では示しきれないことから個人内評価を通じて見取る部分があります。

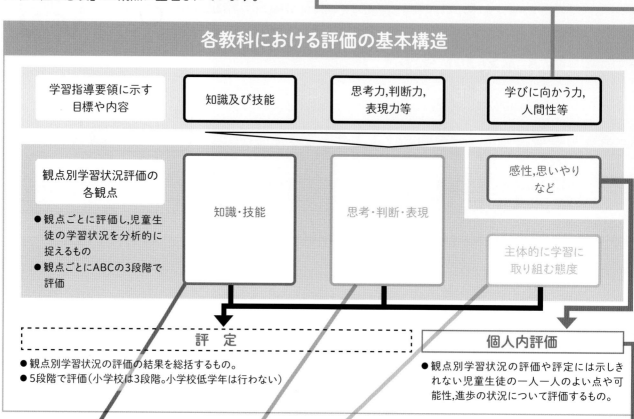

各教科における評価の基本構造

学習指導要領に示す目標や内容
- 知識及び技能
- 思考力,判断力,表現力等
- 学びに向かう力,人間性等

観点別学習状況評価の各観点
- 観点ごとに評価し,児童生徒の学習状況を分析的に捉えるもの
- 観点ごとにABCの3段階で評価

- 知識・技能
- 思考・判断・表現
- 感性,思いやり など
- 主体的に学習に取り組む態度

評定
- 観点別学習状況の評価の結果を総括するもの。
- 5段階で評価(小学校は3段階。小学校低学年は行わない)

個人内評価
- 観点別学習状況の評価や評定には示しきれない児童生徒の一人一人のよい点や可能性,進歩の状況について評価するもの。

各教科等における学習の過程を通した知識及び技能の習得状況について評価を行うとともに, それらを既有の知識及び技能と関連付けたり活用したりする中で, 他の学習や生活の場面でも活用できる程度に概念等を理解したり, 技能を習得したりしているかを評価します。

各教科等の知識及び技能を活用して課題を解決する等のために必要な思考力, 判断力, 表現力等を身に付けているかどうかを評価します。

知識及び技能を獲得したり, 思考力, 判断力, 表現力等を身に付けたりするために, 自らの学習状況を把握し, 学習の進め方について試行錯誤するなど自らの学習を調整しながら, 学ぼうとしているかどうかという意思的な側面を評価します。

個人内評価の対象となるものについては, 児童生徒が学習したことの意義や価値を実感できるよう, 日々の教育活動等の中で児童生徒に伝えることが重要です。特に,「学びに向かう力,人間性等」のうち「感性や思いやり」など児童生徒一人一人のよい点や可能性,進歩の状況などを積極的に評価し児童生徒に伝えることが重要です。

詳しくは, 平成31年1月21日文部科学省中央教育審議会初等中等教育分科会教育課程部会「児童生徒の学習評価の在り方について(報告)」をご覧ください。
(http://www.mext.go.jp/b_menu/shingi/chukyo/chukyo3/004/gaiyou/1412933.htm)

特別の教科 道徳, 外国語活動, 総合的な学習の時間及び特別活動の評価について

特別の教科 道徳, 外国語活動(小学校のみ), 総合的な学習の時間, 特別活動についても, 学習指導要領で示したそれぞれの目標や特質に応じ, 適切に評価します。なお, 道徳科の評価は, 入学者選抜の合否判定に活用することのないようにする必要があります。

特別の教科 道徳(道徳科)

児童生徒の人格そのものに働きかけ, 道徳性を養うことを目標とする道徳科の評価としては, 観点別評価は妥当ではありません。授業において児童生徒に考えさせることを明確にして,「道徳的諸価値についての理解を基に, 自己を見つめ, 物事を(広い視野から)多面的・多角的に考え, 自己の(人間としての)生き方についての考えを深める」という学習活動における児童生徒の具体的な取組状況を, 一定のまとまりの中で, 児童生徒が学習の見通しを立てたり学習したことを振り返ったりする活動を適切に設定しつつ, 学習活動全体を通して見取ります。

外国語活動(小学校のみ)

評価の観点については, 学習指導要領に示す「第1目標」を踏まえ, 右の表を参考に設定することとしています。この3つの観点に則して児童の学習状況を見取ります。

知識・技能	思考・判断・表現	主体的に学習に取り組む態度
●外国語を通して, 言語や文化について体験的に理解を深めている。 ●日本語と外国語の音声の違い等に気付いている。 ●外国語の音声や基本的な表現に慣れ親しんでいる。	身近で簡単な事柄について, 外国語で聞いたり話したりして自分の考えや気持ちなどを伝え合っている。	外国語を通して, 言語やその背景にある文化に対する理解を深め, 相手に配慮しながら, 主体的に外国語を用いてコミュニケーションを図ろうとしている。

総合的な学習の時間

評価の観点については, 学習指導要領に示す「第1目標」を踏まえ, 各学校において具体的に定めた目標, 内容に基づいて, 右の表を参考に定めることとしています。この3つの観点に則して児童生徒の学習状況を見取ります。

知識・技能	思考・判断・表現	主体的に学習に取り組む態度
探究的な学習の過程において, 課題の解決に必要な知識や技能を身に付け, 課題に関わる概念を形成し, 探究的な学習のよさを理解している。	実社会や実生活の中から問いを見いだし, 自分で課題を立て, 情報を集め, 整理・分析して, まとめ・表現している。	探究的な学習に主体的・協働的に取り組もうとしているとともに, 互いのよさを生かしながら, 積極的に社会に参画しようとしている。

特別活動

特別活動の特質と学校の創意工夫を生かすということから, 設置者ではなく, 各学校が評価の観点を定めることとしています。この際, 学習指導要領に示す特別活動の目標や学校として重点化した内容を踏まえ, 例えば以下のように, 具体的に観点を示すことが考えられます。

特別活動の記録								
内容	観点 \ 学年	1	2	3	4	5	6	
学級活動	よりよい生活を築くための知識・技能	○		○	○	○		
児童会活動	集団や社会の形成者としての思考・判断・表現		○			○		
クラブ活動	主体的に生活や人間関係をよりよくしようとする態度				○			
学校行事			○		○	○		

各学校で定めた観点を記入した上で, 内容ごとに, 十分満足できる状況にあると判断される場合に, ○印を記入します。

○印をつけた具体的な活動の状況等については,「総合所見及び指導上参考となる諸事項」の欄に簡潔に記述することで, 評価の根拠を記録に残すことができます。

小学校児童指導要録(参考様式)様式2の記入例(5年生の例)

なお, 特別活動は学級担任以外の教師が指導する活動が多いことから, 評価体制を確立し, 共通理解を図って, 児童生徒のさや可能性を多面的・総合的に評価するとともに, 確実に資質・能力が育成されるよう指導の改善に生かすことが求められます。

観点別学習状況の評価について

　観点別学習状況の評価とは，学習指導要領に示す目標に照らして，その実現状況がどのようなものであるかを，観点ごとに評価し，児童生徒の学習状況を分析的に捉えるものです。

■「知識・技能」の評価の方法

　「知識・技能」の評価の考え方は，従前の評価の観点である「知識・理解」，「技能」においても重視してきたところです。具体的な評価方法としては，例えばペーパーテストにおいて，事実的な知識の習得を問う問題と，知識の概念的な理解を問う問題とのバランスに配慮するなどの工夫改善を図る等が考えられます。また，児童生徒が文章による説明をしたり，各教科等の内容の特質に応じて，観察・実験をしたり，式やグラフで表現したりするなど実際に知識や技能を用いる場面を設けるなど，多様な方法を適切に取り入れていくこと等も考えられます。

■「思考・判断・表現」の評価の方法

　「思考・判断・表現」の評価の考え方は，従前の評価の観点である「思考・判断・表現」においても重視してきたところです。具体的な評価方法としては，ペーパーテストのみならず，論述やレポートの作成，発表，グループや学級における話合い，作品の制作や表現等の多様な活動を取り入れたり，それらを集めたポートフォリオを活用したりするなど評価方法を工夫することが考えられます。

■「主体的に学習に取り組む態度」の評価の方法

　具体的な評価方法としては，ノートやレポート等における記述，授業中の発言，教師による行動観察や，児童生徒による自己評価や相互評価等の状況を教師が評価を行う際に考慮する材料の一つとして用いることなどが考えられます。その際，各教科等の特質に応じて，児童生徒の発達の段階や一人一人の個性を十分に考慮しながら，「知識・技能」や「思考・判断・表現」の観点の状況を踏まえた上で，評価を行う必要があります。

「主体的に学習に取り組む態度」の評価のイメージ

○「主体的に学習に取り組む態度」の評価については，①知識及び技能を獲得したり，思考力，判断力，表現力等を身に付けたりすることに向けた粘り強い取組を行おうとする側面と，②①の粘り強い取組を行う中で，自らの学習を調整しようとする側面，という二つの側面から評価することが求められる。

○これら①②の姿は実際の教科等の学びの中では別々ではなく相互に関わり合いながら立ち現れるものと考えられる。例えば，自らの学習を全く調整しようとせず粘り強く取り組み続ける姿や，粘り強さが全くない中で自らの学習を調整する姿は一般的ではない。

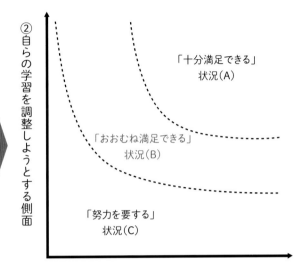

②自らの学習を調整しようとする側面

「十分満足できる」状況(A)

「おおむね満足できる」状況(B)

「努力を要する」状況(C)

①粘り強い取組を行おうとする側面

　ここでの評価は，その学習の調整が「適切に行われるか」を必ずしも判断するものではなく，学習の調整が知識及び技能の習得などに結びついていない場合には，教師が学習の進め方を適切に指導することが求められます。

「自らの学習を調整しようとする側面」とは…

　自らの学習状況を把握し，学習の進め方について試行錯誤するなどの意思的な側面のことです。評価に当たっては，児童生徒が自らの理解の状況を振り返ることができるような発問の工夫をしたり，自らの考えを記述したり話し合ったりする場面，他者との協働を通じて自らの考えを相対化する場面を，単元や題材などの内容のまとまりの中で設けたりするなど，「主体的・対話的で深い学び」の視点からの授業改善を図る中で，適切に評価できるようにしていくことが重要です。

コラム

「主体的に学習に取り組む態度」は，「関心・意欲・態度」と同じ趣旨ですが…

～こんなことで評価をしていませんでしたか？～

　平成31年1月21日文部科学省中央教育審議会初等中等教育分科会教育課程部会「児童生徒の学習評価の在り方について(報告)」では，学習評価について指摘されている課題として，「関心・意欲・態度」の観点について「学校や教師の状況によっては，挙手の回数や毎時間ノートを取っているかなど，性格や行動面の傾向が一時的に表出された場面を捉える評価であるような誤解が払拭し切れていない」ということが指摘されました。これを受け，従来から重視されてきた各教科等の学習内容に関心をもつことのみならず，よりよく学ぼうとする意欲をもって学習に取り組む態度を評価するという趣旨が改めて強調されました。

Column

学習評価の充実

学習評価の妥当性, 信頼性を高める工夫の例

- 評価規準や評価方法について,事前に教師同士で検討するなどして明確にすること,評価に関する実践事例を蓄積し共有していくこと,評価結果についての検討を通じて評価に係る教師の力量の向上を図ることなど,学校として組織的かつ計画的に取り組む。
- 学校が児童生徒や保護者に対し,評価に関する仕組みについて事前に説明したり,評価結果について丁寧に説明したりするなど,評価に関する情報をより積極的に提供し児童生徒や保護者の理解を図る。

評価時期の工夫の例

- 日々の授業の中では児童生徒の学習状況を把握して指導に生かすことに重点を置きつつ,各教科における「知識・技能」及び「思考・判断・表現」の評価の記録については,原則として単元や題材などのまとまりごとに,それぞれの実現状況が把握できる段階で評価を行う。
- 学習指導要領に定められた各教科等の目標や内容の特質に照らして,複数の単元や題材などにわたって長期的な視点で評価することを可能とする。

学年や学校間の円滑な接続を図る工夫の例

- 「キャリア・パスポート」を活用し,児童生徒の学びをつなげることができるようにする。
- 小学校段階においては,幼児期の教育との接続を意識した「スタートカリキュラム」を一層充実させる。
- 高等学校段階においては,入学者選抜の方針や選抜方法の組合せ,調査書の利用方法,学力検査の内容等について見直しを図ることが考えられる。

評価方法の工夫の例

全国学力・学習状況調査
(問題や授業アイディア例)を参考にした例

　平成19年度より毎年行われている全国学力・学習状況調査では，知識及び技能等を実生活の様々な場面に活用する力や，様々な課題解決のための構想を立て実践し評価・改善する力などに関わる内容の問題が出題されています。

　全国学力・学習状況調査の解説資料や報告書，授業アイディア例を参考にテストを作成したり，授業を工夫したりすることもできます。

　詳しくは，国立教育政策研究所Webページ「全国学力・学習状況調査」をご覧ください。
(http://www.nier.go.jp/kaihatsu/zenkokugakuryoku.html)

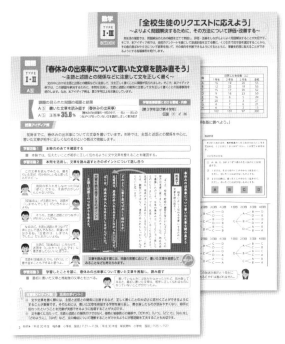

授業アイディア例

評価の方法の共有で働き方改革

　ペーパーテスト等のみにとらわれず，一人一人の学びに着目して評価をすることは，教師の負担が増えることのように感じられるかもしれません。しかし，児童生徒の学習評価は教育活動の根幹であり，「カリキュラム・マネジメント」の中核的な役割を担っています。その際，助けとなるのは，教師間の協働と共有です。

　評価の方法やそのためのツールについての悩みを一人で抱えることなく，学校全体や他校との連携の中で，計画や評価ツールの作成を分担するなど，これまで以上に協働と共有を進めれば，教師一人当たりの量的・時間的・精神的な負担の軽減につながります。風通しのよい評価体制を教師間で作っていくことで，評価方法の工夫改善と働き方改革にもつながります。

「指導と評価の一体化の取組状況」

A:学習評価を通じて，学習評価のあり方を見直すことや個に応じた指導の充実を図るなど，指導と評価の一体化に学校全体で取り組んでいる。

B:指導と評価の一体化の取組は，教師個人に任されている。

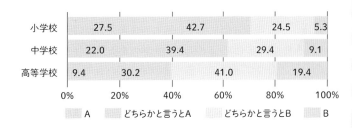

	A	どちらかと言うとA	どちらかと言うとB	B
小学校	27.5	42.7	24.5	5.3
中学校	22.0	39.4	29.4	9.1
高等学校	9.4	30.2	41.0	19.4

（平成29年度文部科学省委託調査「学習指導と学習評価に対する意識調査」より）

Q&A －先生方の質問にお答えします－

Q1 1回の授業で，3つの観点全てを評価しなければならないのですか。

A. 学習評価については，日々の授業の中で児童生徒の学習状況を適宜把握して指導の改善に生かすことに重点を置くことが重要です。したがって観点別学習状況の評価の記録に用いる評価については，毎回の授業ではなく原則として単元や題材などの内容や時間のまとまりごとに，それぞれの実現状況を把握できる段階で行うなど，その場面を精選することが重要です。

Q2 「十分満足できる」状況（A）はどのように判断したらよいのですか。

A. 各教科において「十分満足できる」状況（A）と判断するのは，評価規準に照らし，児童生徒が実現している学習の状況が質的な高まりや深まりをもっていると判断される場合です。「十分満足できる」状況（A）と判断できる児童生徒の姿は多様に想定されるので，学年会や教科部会等で情報を共有することが重要です。

Q3 指導要録の文章記述欄が多く，かなりの時間を要している現状を解決できませんか。

A. 本来，学習評価は日常の指導の場面で，児童生徒本人へフィードバックを行う機会を充実させるとともに，通知表や面談などの機会を通して，保護者との間でも評価に関する情報共有を充実させることが重要です。このため，指導要録における文章記述欄については，例えば，「総合所見及び指導上参考となる諸事項」については，要点を箇条書きとするなど，必要最小限のものとなるようにしました。また，小学校第3学年及び第4学年における外国語活動については，記述欄を簡素化した上で，評価の観点に即して，児童の学習状況に顕著な事項がある場合などにその特徴を記入することとしました。

Q4 評定以外の学習評価についても保護者の理解を得るにはどのようにすればよいのでしょうか。

A. 保護者説明会等において，学習評価に関する説明を行うことが効果的です。各教科等における成果や課題を明らかにする「観点別学習状況の評価」と，教育課程全体を見渡した学習状況を把握することが可能な「評定」について，それぞれの利点や，上級学校への入学者選抜に係る調査書のねらいや活用状況を明らかにすることは，保護者との共通理解の下で児童生徒への指導を行っていくことにつながります。

Q5 障害のある児童生徒の学習評価について，どのようなことに配慮すべきですか。

A. 学習評価に関する基本的な考え方は，障害のある児童生徒の学習評価についても変わるものではありません。このため，障害のある児童生徒については，特別支援学校等の助言または援助を活用しつつ，個々の児童生徒の障害の状態等に応じた指導内容や指導方法の工夫を行い，その評価を適切に行うことが必要です。また，指導要録の通級による指導に関して記載すべき事項が個別の指導計画に記載されている場合には，その写しをもって指導要録への記入に替えることも可能としました。

文部科学省
国立教育政策研究所
National Institute for Educational Policy Research

令和元年6月
文部科学省　国立教育政策研究所教育課程研究センター
〒100-8951 東京都千代田区霞が関3丁目2番2号　TEL 03-6733-6833（代表）

「指導と評価の一体化」のための
学習評価に関する参考資料
【小学校　特別活動】

令和2年6月27日	初版発行
令和5年6月9日	5版発行

著作権所有	国立教育政策研究所 教育課程研究センター
発　行　者	東京都千代田区神田錦町2丁目9番1号 コンフォール安田ビル2階 株式会社　東洋館出版社 代表者　錦織　圭之介
印　刷　者	大阪市住之江区中加賀屋4丁目2番10号 岩岡印刷株式会社
発　行　所	東京都千代田区神田錦町2丁目9番1号 コンフォール安田ビル2階 株式会社　東洋館出版社 電話　03-6778-7278

ISBN978-4-491-04129-2

定価：本体800円
（税込880円）税10%